[美] 凯莉·华切尔 Kelly Wachel 著

PARENTS
AND SCHOOLS
TOGETHER

Blueprint for Success with Urban Youth

中国青年出版社
CHINA YOUTH PRESS

中青文传媒

图书在版编目(CIP)数据

教师和家长共同培养卓越学生的10个策略 /（美）华切尔著；宋伟译.
—北京：中国青年出版社，2015.4
书名原文：Parents and schools together: blueprint for success with urban youth
ISBN 978-7-5153-3135-5
Ⅰ.①教… Ⅱ.①华… ②宋… Ⅲ.①学校教育－合作－家庭教育－研究 Ⅳ.①G459
中国版本图书馆CIP数据核字（2015）第024792号

Parents and Schools Together: Blueprint for Success with Urban Youth, Copyright © 2014 by Kelly Wachel.
Published by agreement with Rowman & Littlefield Publishing Group through the Chinese Connection Agency, a division of the Yao Enterprise, LLC.
Simplified Chinese translation copyright © 2015 by China Youth Press
All rights reserved.

教师和家长共同培养卓越学生的10个策略

作　　者：[美] 凯莉 · 华切尔
译　　者：宋　伟
责任编辑：肖妩嫔
美术编辑：李　甦
出　　版：中国青年出版社
发　　行：北京中青文文化传媒有限公司
电　　话：010-65511270/65516873
公司网址：www.cyb.com.cn
购书网址：zqwts.tmall.com　www.diyijie.com
制　　作：中青文制作中心
印　　刷：三河市文通印刷包装有限公司
版　　次：2015年4月第1版
印　　次：2015年4月第1次印刷
开　　本：787 × 1092　1/16
字　　数：90千字
印　　张：14
京权图字：01-2014-1636
书　　号：ISBN 978-7-5153-3135-5
定　　价：27.00元

卓越教师网

版权声明

未经出版人事先书面许可，对本出版物的任何部分不得以任何方式或途径复制或传播，包括但不限于复印、录制、录音，或通过任何数据库、在线信息、数字化产品或可检索的系统。

中青版图书，版权所有，盗版必究

最贤明的父母所希望给自己孩子的，一定是社会所希望给所有儿童的。

——约翰·杜威

目录
Contents

序 / 007

致谢 / 011

引言 / 013

前言 / 017

策略 1　给孩子真正的童年，助力学校教育 / 019

策略 2　教师、家长、学校领导者都应该成为孩子的榜样 / 029

策略 3　关注学生成绩 / 041

策略 4　更好地满足孩子的需求与渴望 / 051

策略 5　培养良好的人际关系和责任感 / 063

策略 6　建立高质量的体系 / 071

策略 7　提高学业标准 / 081

策略 8　创建兼容并包的环境 / 109

策略 9　找到家长、学生、教师之间的平衡点 / 119

策略 10　给孩子一个美好的未来 / 137

序

　　凯莉·华切尔最初把写作这本书的想法告诉我时，我就被其深深吸引了，不管是作为一位父亲还是作为一名教育工作者，她这本书的想法都引起了我的共鸣。凯莉的这本书关注了当今每所学校和每个学区都要面临的一个挑战——使学生为未来的学习和职业生涯做好准备。她与同事从事的项目对她所在的学校和堪萨斯城区都产生了巨大的影响，她开展该项目的目的是要在其他教育环境中复制在他们学区所取得的成就。

　　看过她的手稿之后，我被其中"父母与学校携手共同努力、共担责任"的主旨深深鼓励着。要培养出一名成功的学生，需要所有人的共同努力，包括父母和学校，同时，还需要知道如何来开展这场游戏——知道父母、学生和学校都应该遵守哪些规则。

　　因为我们是教育工作者，所以知道父母每天与孩子一起阅读的重要性，这件事要从孩子们出生之后尽早开始。多数家长都懂得与孩子一起欢笑、一起玩耍，然而，还有一些父母并不懂这些技巧。我们要指导那些没有此类本能的人培养这些技巧，帮助他们的孩子和我们的学校持续提高，这一点非常重要。

所有的家长都会反思自己教养孩子的做法是否正确，每个人都会尽力做到最好。然而，不得不承认，有些人就是做得更好一些。每一位家长都担忧自己养育的孩子能否在未来的学习和生活中取得成功，我们都担忧和孩子一起做过的事情到底够不够多：读书、倾听、交流、欢笑、探究和体验生活。我们该如何给所有父母正确的指导，使他们充满信心？所有的家长和每一所学校都应该思考如何培养孩子成功，以适应未来的生活，面对美好的新世界，而我们又该如何使家长和学校认识到这种思考的重要性？

凯莉这本书的价值在于清楚地给出了家长和学生指导原则，从而保证学生能够取得进步。我们的关注点是让孩子为未来的学习和职业生涯做好准备，以应对未知的一切。

本书的价值还在于凯莉为学校设想的一些特别计划，她概述了学校该如何选取对家长和学生而言非常关键的内容，通过一种媒介使其变得通俗易懂。

读过本书之后，本不知该如何在学业上帮助孩子的家长也能轻松理解该如何去做；读完本书之后，本不知该如何向家长和学生传达教学目标的学校也能轻松地认识到该如何去做。

我们一直都在探讨"各种标准"和"这么做对我们学校而言

是否正确"，现在是时候该问一问这个问题了："我们想要自己孩子的未来变成这个样子吗？"本书从未忘记孩子就是孩子，从未忘记他们需要关爱、呵护，从未忘记需要在学业上给他们一些压力。孩子们需要知道如何才能在学业上坚持努力，学校需要知道如何在学业上严格要求。

我们不能再找任何借口。当今时代有如此多的资源可供利用，再也没有任何借口。不能让学校和家长再找到任何借口，将孩子无法成功归咎于他处，这是我们所有人的责任。知道有一些学校和家长愿意为此提供帮助，真是令人备受鼓舞。

凯莉写成这本书令我很兴奋，因为她在书中分享了处理孩子、家长和学校相关事务的经验。我相信你在阅读本书的时候一定也会拥有如我一样的阅读体验，喜欢她对人、对领导者、对责任、对公共关系项目和培养孩子的一些反思。

请享受阅读凯莉这本书的过程，欣赏她对我们学校和学生的期望。请记住我们所能对未来产生的有益影响莫过于去培养孩子，最大限度地发挥他们的能力，请享受阅读！

致 谢

Acknowledgments

首先最想感谢的是负责本书发行的罗曼小菲尔德出版社和负责编辑工作的汤姆·克纳尔，感谢你汤姆，是你说服了我写这本书。

感谢全国学校公共关系协会的里奇·巴金共同参与本书的出版，感谢你将城镇教育应有的模样展示给团队成员，并很看重这件事情。

感谢托德·威特克尔不断鼓励我，让我相信这本书有很好的前景，您在我人生的各个阶段都给了我无尽的支持。

如果没有中心学区，就不可能有这本书——我要感谢那里的学生、家长、教职员工和学校领导。要特别感谢我们中心学区的志愿者朋友和教育委员会的朋友鲍勃·巴特曼、戴夫·利昂、丹尼尔·马斯登、安杰拉·普莱斯、贝斯·艾德、乔·冈德森、莎伦·阿胡那、莎伦·尼波林克、乔伊斯·斯多克、琳达·威廉姆斯、詹森·斯特里加、布拉德·斯维登、谢勒尔·科克伦、泰勒·香农、塔玛拉·桑德奇、艾美·埃德尔曼、吉米·赫尔策尔、史黛西·金、加里·珀安特、布鲁斯·雷默、米歇尔·赖安、伊丽莎白·斯维登、麦迪逊·诺尔、布兰登·罗兰、萨利·纽维尔、贝蒂·麦肯基、辛迪·诺尔。

位于堪萨斯城的设计团队充分利用了我们的品牌和形象，给予了中心学区很大的帮助。非常感谢因格莱德·希德、弗兰克·诺顿和克莱尔·古德，你们都很有天赋，风趣幽默——你们能愿意与我一起工作，令我心怀感激。

感谢在我写作本书时给我支持的那些了不起的朋友：萨拉·麦基、戴夫·坎贝尔和苏珊娜·坎贝尔、凯瑞·特罗特、迈克·费舍尔、乔尔·阿克曼和吉尔·阿克曼、约翰·霍华德和珂蒂·霍华德、琳德塞·特里斯、莎拉·哈特、凯蒂·马萨，还有劳拉·弗莱塔格。我的这些朋友都特别棒，真的非常感谢你们。

我还要感谢我的几个兄弟，博·哈维、布洛克·哈维和兰斯·哈维，他们帮助我理解了何为童年，还教会我不要太把自己当回事儿。

感谢我的母亲佩吉·维耶蒂，您不管作为一位母亲还是一位老师，都是我最好的榜样。

还要感谢我的丈夫，我的智囊，马特·华切尔。感谢我的孩子玛姬、亚伯和莉迪亚，你们三个使我明白了为人母的意义，还使我认识到教育孩子阅读和随机应变的重要性。

引 言
Introduction

　　"在一所高中的门口发生了一起斗殴事件。"新上任的学区主管在谈论学区的公共信息官职位时，我一直在想这件事，他说："凯莉，我这里有个公共信息官的职位暂缺，我需要你来做公共教育的宣传工作，我需要有人帮助我改变一些旧观念。"

　　我刚订婚，在私营企业的市场营销岗位上赚着高薪，准备轻松地办一场婚礼，生几个孩子，攒一些钱。这时，一份在公立学校系统里帮助改变学校负面形象的工作摆在我面前。不要误会，我真心希望帮助他人，但我的银行卡里也真想每月能有丰厚的收入。我会在商界里打拼赚钱，走上尔虞我诈、摸爬滚打的道路。

　　然而，当我准备与一个帅气的幼儿园老师结婚时，当我真正开始思索人生应有的模样时，我自然而然地就接受了南堪萨斯城中心学区的公共信息官一职。在商场摸爬滚打走上高位这条路在我看来并非真正有意义的事情，或许在公立学校工作能做出一些有意义的事。"我喜欢孩子，"我想，"而且我妈妈也是一位老师。"

就这样，我开始做起改变旧观念的宣传工作。当然，并不是随便什么人都能做好一份公立学校工作的，我得先改变自己的观念，改变自己对在公立学校——一所城市公立学校工作意义的认识，让自己深刻意识到做一份代表公共教育和所有孩子的工作到底意味着什么。

密苏里州南堪萨斯城学区内各所学校的学生最初都是来自市郊的上中层白人家庭，而如今这里则有75%是非裔美国人，20%是高加索人，还有5%是拉丁美洲人，这些学生中有75%可以享受国家的免费或折扣午餐。

这个学区有一个早教中心、四所小学、一所初中、一所高中和一所新式学校，有2500名学生。20年的时间里，这个学区里的学生组成发生了180度的大转弯。这里从人们争相追逐的南堪萨斯城明珠，变成今天的混乱城市，只获得密苏里州的"暂时评估合格"。

暂时评估合格，高中门口发生斗殴事件，"你听说过中心高中发生的那起斗殴事件吗？这些学校都是怎么了？"正是从这件事起，人们对中心学区就有了不好的印象，当然人口构成从白人为主变成以黑人为主也是重要原因。

就这样，伴着斗殴事件，身负改变旧观念的任务，我就任了中心学区公共信息官一职。

想要改变旧观念，我们就必须思考如何与家长和学校协作，想办法提高教学严苛程度，这样就可以促使学生自发地抛掉低期望值和注定失败的旧想法。我们必须摆脱"暂时评估合格"的束缚，争取达到州内最高的"表现卓越"的标准。

我完成这项工作用了7年的时间。经过7年的努力，在本书中你可以看到我们努力的点点滴滴，我们最终获得了"表现卓越"的认可。

我们知道，我们也需要设立一些指标，帮助学生和他们的家人明白在追求学业的过程中该走哪条路，该朝着哪个目标努力。

学校教育孩子的工作做得都很好，但我们不能满足于此。我们明白，我们必须引导学生和家长，使学生从我们的地区高中毕业时能为未来的学习和职业生涯做好准备——而这一切需要从孩子出生时便开始做起。

我自己也是一位年轻母亲，我们在学区内极力宣扬的那些想法和我的个人生活是交融在一起的。我心中一直想着襁褓里的孩子和就要上幼儿园的大女儿，同时学区里高中毕业生走过毕业典礼台时，我又与他们一道庆贺。我想："应该有人给家长和学生以指导，我们应该帮助家长更好地理解他们在孩子教育中所扮演的角色。"

我们开启了一个名为"人为聪慧"（参见我们的网站www.

center.k12.mo.us ）的项目，将材料分发给学生、家长和教职员工。这个项目取得了很大的成功，使我们的学校和社区能够关注学生在高中之后的成功之路，而且它还成为我们所有学校的一种内在凝聚力，并在整个堪萨斯城区推广开来。

我想把这一切都装进瓶里，送给所有人——家长、老师、行政管理人员和学生。但我并没有这样的能力，因此我决定写一本书，觉得这样做会有一些效果。

我给诸位读者的礼物便是这样一本书，其中讲述了我的工作经验，还介绍了一些可供你以特有方式使用的工具。不管读者是家长、老师、行政管理人员还是学生，本书的目的都在于建立一种观念，要努力培养孩子在未来的学习和生活中取得成功的能力。

前 言
Foreword

阅读本书的时候，你可以将其看成一本指导手册，它旨在帮助老师、行政管理人员、家长和学生在学校生活中协作努力，共同培养优秀的学生。一本指导手册中通常会有很多的用法说明，但本书则重点介绍了几种非常有效的策略，行政管理者、老师和家长在学习生活中都可以使用这些策略。学生学有所成是教育的目的，本书中也介绍了多种可以帮助实现该目标的方法。说到要学生学有所成，当今的学校就应该意识到从孩子出生便开始教育的重要性。早教再也不能只靠家长的经济投入，幼儿教育需要有目标、要求严格的公共教育加以影响。是的，婴幼儿时期更多的是玩耍，与家长、兄弟姐妹一起享受世界的快乐，但他们也要学会重要的知识，为幼儿园和之后的学习做好准备。

学校总能听到各方的各种理由——家长、老师、领导和社区都有各自的苦衷，"因此这件事才做不成，这不是我的工作，都是家长的错"。但是说实在的，这件事真能做成，每个人都有义务完成这项工作，而在教养孩子的时候，显然家长也需要一些指导。

考虑到这些原因，本书提供了10个策略，引导家长从孩子出生到十二年级的全过程中积极与学校共同努力培养卓越学生。这些策略的主旨在于打造一个以人为本、重视读写能力和数学能力的学区，并创造出一种包容感，以更好地培养卓越的学生。这条路上并没有什么捷径，但我们可以辨明一些有利于学生和学校成功的要素。

教育孩子，思考童年和学习标准是家长和学校每天都在思考的事情，然而，有些家长（甚至学校）在培养表现良好的学生时需要一些额外的支持和指导。家长需要学校提供权威的指导，帮助他们培养孩子走向成功，特别是那些经济状况不太好的家庭，家长从小也没有接受过正统的教育。

在阅读本书的过程中，我们要注意一点：我们都知道学校是领导者、老师、学校职工、学生、家长和社区的集中体现。我在本书中多次用到"学校"的说法，不要将"学校"看作没有生命的存在，而是将它看作一个有生命、有气息的实体。

是时候改变旧观念了。让我们将学校、家长和孩子看作一切的重中之重，让我们将学校看作欢笑和学习的安全港湾，让我们将学校看成社会各界都要追求看齐的标杆。由此生出责任感，将教育看作家长的首要任务——而学校，首要任务则在于帮助家长培养孩子，使孩子们聪慧，为学校生活做好准备，并拥有学习的能力。

策略 1

给孩子真正的童年，
助力学校教育

回想一下你们童年的经历，回想一下自己的成长环境，你家中是否父母双全？他们是否有一份固定的职业？你觉得自己的家庭是否算得上中等收入或富裕的家庭？

在学区附近工作的人多数都来自中等收入家庭，多半在学校工作的专业人员出身都很相似，都被看作成功的人，他们读完大学，然后找到一份好工作。

在这些家庭里，通常家长会给孩子读书，与孩子交流，与孩子一起欢笑，与孩子一起玩耍，培养孩子，爱护孩子——孩子的需求总能很快得到满足，学校里多数的员工童年都是在这样的环境下成长起来的。还是那句话，回想一下自己的童年——是否就是这样？

生在有专业人士的家庭，父母双方或其中一方接受过高等教育，有一份中等收入或高收入的工作，这样的情况并非每个人都能遇到。

如今，能够教育孩子成为阅读者、思想者、有贡献的人、有责任感的市民，这样的父母越来越少，特别是在经济境况不好的家庭，但一切本不应如此。不要怀疑，基本上每位家长都想要孩子成功、健康，每一位家长都想要孩子成为最好的人，然而，成功的定义会因每一位家长的处境不同而有所不同。

如果你是一位家长，你还记得第一次怀抱孩子的那一刻吧？你低头看着孩子，那么脆弱，那么美丽的小生物，爱意如潮水般涌上心头。在爱意的潮水中，你想要把世上最好的都给这个孩子。还记得你是多么想要保护那个孩子，不想让他遇到世上任何坏的事情。还记得当时你对他的期望有多么大吗？这对每一位家长而言都是特别而亲密的经历，而同时，世上所有的父母也都有过类似的经历。

学校和家长在探索学生学习方式的时候应该充分考虑到一个前提——不管世界怎样变化，家长心中都深藏着对孩子的希望和梦想，他们永远都希望孩子得到最好的。

不管父母是否知道这些，有一项工作都至关重要，那就是在孩子出生之时起就为孩子提供适当的跳板，让孩子为幼儿园生活做好准备，最终为未来的工作和生活做好准备。作为一个学区的管理者，确保学区内所有的孩子都能为上学做好准备是应该为家长解决的问题，这是我们的分内之事，因为我们也都想要自己孩子能够如此。

为了孩子能够为未来的学业做好准备，家长和学校都需要思考很多。但是，如果孩子从小就生活在一个充满关爱的书香门第，那么在学业方面，家庭和学校教育就会简单很多。要培养出一个阅读者、具有批判思维的思想者和有责任感的市民，需要自小生活在充满爱意和信任的家庭中。要让孩子没有负担，玩耍、撒娇、偎依在大人的怀抱中欢笑、跌倒了再爬起来、不断地尝试——这些是给童年定性的事情。如果这些事情都能满足，此后诸如学唱歌、学习背诵诗歌、读书、数数、讲故事和画画等决定童年质量的事情就可以不费力气地融入到孩子的生活中。

思考一下如下的调查结果：在贫困家庭长大的孩子，其词汇量仅为工薪家庭孩子的70%，是专业人士家庭孩子的45%。从专业人士家庭里成长的孩子比贫困家庭的孩子，听到的词汇要多3200万。这项调查显示，来自专业人士家庭的孩子到4岁的时候已经接触到4500万个词汇，而生活在贫困家庭的孩子只能接触到1300万个词，人们将这称作3000万词鸿沟。

生活在贫困家庭的孩子不仅接触到的词汇少，而且每周接触到的词中只有500个肯定的词，却有1100个否定的词，即这些孩子每周听到的消极词汇是积极词汇的两倍。

贫穷家庭的孩子可能面临如下危急处境：家庭内没有说英文的人，有四个或更多孩子的大家庭，父母受教育水平偏低（父母双方都没有高中学历），居住地址流动性较大（家庭每年搬迁次数超过一次），单亲家庭，母亲只有十几岁或父母失业。

要想改变这样的状况，就应该参照专业人士家庭教育孩子的方式来教育贫困家庭的孩子。学校应该总结专业家庭教育孩子的经验，传授给贫困的家庭。

确实，有些家庭不希望别人对他们教育孩子的方式指手画脚，但是，如果能在学区和社区之间建立起良好的信任，情况就大不一样了。各个家庭都在寻求帮助和指导，学区有责任提供相应的指导。比如说，或许某一位家长并不知道自己应该凝视着孩子唱摇篮曲，又或者另外一位家长并不知道每天都要抱抱自己的儿子，给他读书。各个家庭都需要明白该如何为孩子提供基本的识字教育，该如何养育孩子。

那么，谁能与家长和学生建立直接的联系？是学校，学校在处理学区内家庭的问题时要采用与以往不同的方法。学校需要思考如何接触这些家庭，拥抱这些家庭，帮助他们建立信心，培养出成功的孩子。

多数教育工作者选择这项事业是因为他们心怀崇高的愿望，想要帮助孩子。在培养成功孩子的过程中，如果教育工作者和学校不将孩子的父母纳入其中，对学生会造成不利的影响。教育工作者和家长需要共同努力，建立一套学校系统，确保孩子从起跑线上便开始走向成功。

如果教师和学校管理者的角色能从简单地教授知识，与家长沟通孩子一天在学校里的表现，转变为共同培养孩子的合作伙伴，他们就会在教育中担起更多的指导责任。当今时代教育的要求较之以往任何时候都更高，这就要求各方的参与度也要更强、更紧密，已经有很多教师和领导者理解到了这一点。

必须创造出一个转折点，使更多的教育工作者具备这样的优秀品质，并能持续这样的表现。教育工作者必须坚持这样的从业要求——很好地服务学生和家长。

如果家长能更多地参与到教育孩子的工作中，孩子的表现会更好，但是这种见解有足够的影响力吗？在某些学校里有，但在另外一些学校里则没有。传授家长和学生一些在家可以使用的学习方法，以辅助学生在学校的学习生活，这一项工作必须放到重中之重的位置。

"家长和学校共同努力"必须成为教育工作的准则，不能仅指望学校或家长单独负责教育孩子，这项工作需要双方携手努力。大多数情况下，如果一个孩子已经三岁了，却还无法听懂简单的指示，听不明白故事，不能在纸上随便地写写画画，那么对他的教育就有些滞后了。孩子之间产生的差距早在三岁之前就已经形成了。

从三岁到三年级这段时间里，有些孩子得到成长，有些孩子则缺乏成长，这段早教过程对儿童未来的成功至关重要。多数的教育工作者都了解，多数的家长也都知道，但现在要做的是将这段关键时期应有的重要技能传授给尚不了解的父母，学校不能再容忍三年级还无法阅读的孩子出现了。

如果一个孩子到了三年级还不能阅读，就很难在阅读技巧、流畅度、词汇量和理解力上赶上同伴。换言之，如果一名学生到三年级还无法阅读，他就很难掌握在未来工作和生活中必备的一些技巧。还有证据显示，通过分析三年级孩子的阅读能力，就能够预测未来的犯罪率。

哇喔，为了让孩子在三年级有足够的阅读能力，压在小学老师和学校身上的重担真是不轻啊！这确实是很重的担子，但也不尽然，如果学生从出生起就养成了扎实的读写技巧，老师和学校的担子就不会太重。

如果婴儿出生后从医院刚回到家，家长就读书给他们听，跟他们聊天，拥他们在怀里，给他们唱歌，哺育他们，时时关注他们，无所求地付出，那么孩子就多半能健康地成长为蹒跚学步的孩童，然后上学前班，有读写能力，会交流，懂得如何去爱，会唱歌，懂得关心他人，知道如何回应他人。

回想一下你与孩子的交流情况，再想想你教育、抚养孩子的技巧都是从哪里学来的。多数人或许会回答"从父母那里学的"，孩子从父母身上学习，父母则根据自己童年的经历来教育孩子。如果一位家长在成长过程中从来没有过阅读、歌唱、交流、倾听、学习和哺育的经历，那么这位家长就很难为自己的孩子提供类似的体验。

这个循环必须打破，学校必须帮助父母打破这个无知的循环。如今的世界联系如此紧密，父母没有任何理由不掌握培养成功孩子所必须的关键信息，让孩子为上学前班做好准备。

当所有上了学前班的孩子都具备了必要的技巧和知识，可以去学习更高级别的知识时，这种情况对教学的促进会使所有学校都从中获益。不管是通过"父母即教师"的早教项目、其他爸爸妈妈、育儿书，还是作为父母的本能，父母都会根据头脑中形成的教育模板去学习如何教育孩子。另外，也可以请一位有一定教学经验的专业人士帮助家长建立起培养成功孩子的框架。

策略概要

　　为了使孩子能够为上学做好准备，生活在贫困、不稳定地区的家长要懂得体会一些简单的喜悦，明白一些教育孩子必须要达到的要求。学校必须帮助家长履行这项责任，如果家长不知道如何才能使孩子准备好学习更高级别的知识，就需要有人教会他们。是的，童年应该享受作为孩童的纯真快乐，但同时也要帮助孩子开发智力，吸收阅读技巧，学习词汇，学会交谈，学着想象。家长必须懂得如何关爱、养育孩子，同时还要注意传授学习所需的基本技巧，家长要学会给孩子一个真正的童年。

策略 2

教师、家长、学校领导者都应该成为孩子的榜样

　　追求卓越，以人为本。前面我们已经提到教育者和家长的一些主要责任，还讲到了学校里哪些人应该帮助家长和学生做好成功的心态准备。要想每个家庭和每所学校里都是成功的孩子，最重要的还是人的因素。

　　美国最成功的企业通常将领导团队和员工看作公司表现和成功的关键因素，成功的组织似乎都坚守"以人为本"的理念，学校也不例外。

　　学区内的领导，自校长起都要成为追求卓越的榜样，从而带动属下的老师和职员做出表率，但是实际上在很多学区要安排素质非常高的领导者会遇到困难，为什么会这样？为什么有时想要把最优秀的人安排到领导岗位上会如此困难？

　　有些领导者害怕从已经取得成功的舒服岗位上离开，也有些害怕掌管一所糟糕的学校。但是，如果有很好的职员和领导者对学校进行管理和推动，糟糕的学校也没有什么可怕的。最优秀的领导者应该领导最具有挑战性的学校，领导者和老师不能畏惧接手糟糕的学校。事实上，最好的领导者和老师应该喜欢接受在糟糕的学校里工作的挑战，将其看成一种道德责任。在某个社区中，学生没有为上学做好准备，也没有得到其他学区学生一样的抚慰，在这样的社区环境下工作需要付出更多，正是此类的学校更需要最好的领导者和老师。

有时这个职位要求的工作质量和个人正直的品性会比回报要更多，但在教育事业上，最好的回报莫过于这项世间最重要的工作本身——培养最成功的学生。同时，学校选择的雇员应该不仅以金钱为工作动力——工作的动力应该在于代表学生和家长做好分内之事。

从某种意义上讲，钱很重要。钱能带来舒适的生活，能够给人安全感，能使我们在做决定的时候不必想得太复杂。但是当多数员工都面临着金钱的选择时，想要人们继续从事教育事业就需要有金钱之外的理由。

或许这一切并非关乎金钱，有时候就是找不到合适的领导者，但并不能因此就不去寻找合适的领导者。我们只需要更多的耐心，找到合适的领导者或许是教育委员会和社区最重要的一项任务了。

学校和教育委员会必须明白聘用最优秀的领导者来校工作的

重要性，如果决定要以人为重，那么选定的人就必须要有出众的本领。如果在学校里工作的人不是最优秀的，那么这就是对学生不公平。学区的领导者和工作人员是梦想家和实干者，他们必须热爱教育事业，并能够充满动力地去完成教学工作。这项工作并非人人都能做，学校也不能随便选人。

成功的企业不会随便雇人，他们招聘的都是最适合公司的人，学校也应该理解这个过程。任何组织在选择一个职位的合适人选时都应该有一定的灵活性，但不能因为灵活性就降低标准。学校在选择每天都要和学生一起读书和学习的人时，不能降低标准。

学校应该积极寻找最优秀的领导者和教师，因为要靠这些人来负责学校的高水平表现，实现学校的远大目标。要代表学生做好工作，这种想法还是有必要的，因为教育事业最重要的部分就是要教好孩子。领导者应该具备几种基本的动力源，包括：

- 孩子
- 老师
- 学区内的其他领导者
- 家长
- 社区
- 自身

思考一下"自身"这个点，其基本含义是指人们因内在意识而产生做好工作的动力。如果一个人在做工作的时候有一种目标感和自由意识，充分利用自己的创造性和特定技能，就会产生一种要做好工作的内在动力。但是，领导者和手下员工做好工作并不只能为了"自身"，还要为了学生、家长、同事和社区。

为了满足上述几种内在和外在的动力源，领导者和他们手下的员工必须有出众的本领，他们必须正直无私，做出正确的决定。领导者能否受人爱戴、喜爱或尊重，关键取决于他们能否做出正确的决定。有时正确的决定并非清晰地摆在眼前，想要做出正确的决定并非易事，但是最后在做决定的时候，只要心中想着学生的利益和学生的成就，这个决定就是正确的。

一旦学校领导能够持续散发出追求卓越的光芒，在此环境下，追求卓越的品性也会感染每个人，员工、学生和家长都会意识到追求卓越将是他们应该达到的新标准。

以追求卓越为目标的这一套体系，也能自然而然地带来更强的专业化意识。"专业"这个词用得太多了，但学校必须对其领导者和员工严格要求，期待他们有更好的表现。从员工的着装，到他们的态度，再到职业道德、主人翁意识、关爱之心和教学质量要求都应有所体现，在学区内工作的人应该向学生、家长和社区展现出专业的水平。

对专业化水平的高期待也能影响人们与同事的沟通，进而影响与学生和家长的交流，整个过程就好像多米诺骨牌。领导者和老师都具备了卓越的能力和很高的专业化水平，学生也会随之效仿。这样学生就能一直有榜样可追随，也明白自己应该达到的标准，因为孩子都是通过观察模仿来学习的。

对家长也应该有专业化的要求。如前文所说，通常生活贫苦的家长都不太信任学校系统。家长应该学会建立用恰当方式来进行沟通和表达诉求，如果家长能够更专业地向孩子表达自己的诉求，说的话有威信，充满关爱之情，有实在的内容，那么双方的信任关系就能有所增进。

说到这里，家长该如何学会恰当地向孩子表达诉求？要把自己看作孩子的第一任也是最重要的老师。把自己看成和老师一样，希望孩子能得到最好的。当家长将自己看作一名老师、教育工作的倡导者，就能形成一种团队意识。但要理解到这个层面，家长就要相信孩子每天去的学校是最好的，学校也要证明自己确实是孩子每天能去的最好的地方。

当学校的领导者和员工能够以高度专业化的工作，全心投入到培养孩子的工作中去，家长就能够信任教育系统，并学会识别高质量学校的一些特征，然后家长就能像团队成员一样，与老师和校长沟通交流。家长其实只是想了解孩子每天在学校接受教育的真实情境，不管是学业上、社交上还是情绪上，家长都希望看到孩子一天过得很好。家长希望孩子能有人爱，有人照顾，得到尊重。一旦此类社交和情绪方面的顾虑得到妥善解决，学业方面的一些问题也都会迎刃而解。

如果家长能心怀善意地与老师或校长沟通，他们就能得到理解和支持，家长在与老师或校长沟通的时候应该常怀这种态度。最重要的是，家长要首先记住爱护、关怀和尊重孩子是自己的责任。老师和校长可以本能地体会到家长的态度，学校在与家长沟通的过程中能够了解家长是善意的关怀还是恶意的质问。

这些都是关于如何与人交流的概念。如果家长或学校不知该如何恰当地交流，就需要有人教他们，优秀的人应该教会他人如何变得优秀。"己所不欲，勿施于人"是与人相处的第一准则，学校必须帮助家长理解到这一点，老师要帮助家长理解到这一点。常言道，在知道你有多在意之前，人们不在意你知道多少。

现在，多数的教育工作者都认识到，要判定学生能否成功最关键的要看他们是否有一位称职的老师。称职的老师既指课堂上的老师，也指家里的老师（家长）。只有老师称职，学生才能收获更多。再说一遍，只有老师称职，学生才能收获更多。由谁来负责教学生是学校能够控制的因素，老师是学生成功方程式中最重要的一环，有关怀、支持学生的老师进行教学是学生成功的最大保障。记住：重要的是人。

老师必须密切关注学生和他们的成功。老师在每天与学生相处的过程中，要像父母一样，充满爱意和关怀地去完成工作，或许只有教师这项职业才会有这样的要求。如果知道学校里的老师和校长都由衷地关心、支持孩子，孩子身处在一个充满爱的环境中，作为一名家长肯定会心怀感激。

我们应该期盼，教育孩子的人都是最优秀的人。争取确保学校里的每一位老师都是最适合给孩子上课的，学校为此事值得努力一搏。学校要形成习俗，对表现良好的老师和领导者要加以奖赏和表扬。要给老师和领导者下最后通牒：要么按规矩来，要么离开。学校、家长和学生没有时间浪费在毫无效率的人身上。学校和社区需要有紧迫感，迅速拉升学校系统的表现。如果团队里的人不愿意努力工作，不会巧干，不懂得协作，这项任务就无法完成。

教育工作者应该扪心自问："如果我的孩子在这样的学校上学，我会心安吗？"如果答案是"否"，那么领导者和员工就需要改变现状。领导者首先要是一位了不起的教师，领导者首要的任务是帮助老师完成教学工作。

领导者应该明白优秀的老师需要做什么，也应该懂得如何帮助老师变得更好。如果一位教育工作者自己的孩子在自己的学校都无法令他心安，那么他和学校的其他人就有责任来改变现在的学习环境，教育工作者必须为孩子提供良好的教育环境。

来到一个表现很好的学校上学是每个孩子应得的机会，为什么很多人没有意识到有些学生并没有得到很好的教育？人们需要离开自己的舒适区，去体察所有学生和家长的处境，良好的人际关系是引领学生走向成功的桥梁。

学校在校外也要与学生有联系，了解学生在校外的表现。校长和老师应该去听听学生的钢琴独奏会，他们应该给上班的父母打电话，告诉他们，他们的孩子在拼写测试中得了满分。与学生和家长保持联系可以强化与他们的关系，现在就应该着手建立这样的联系。

有时候细小的举动反而有更大的作用——学生有家人去世的时候送去一张吊慰的便条。这样学生就会明白，他们的校长和老师不仅以专业的姿态关注他们的学业，而且关心他们的个人生活。细小的举动可以是一张字条，握一握手，眨一眨眼睛或是一句鼓励的话。对人要有人情味儿，学生也是人——对他们也要如此。

一定要派最好的老师去教学业落后的学生，最优秀的老师和学校领导都明白这个道理。围绕着最好的老师和领导者来建立学校，并选择雇用那些最善于处理人际关系的、最善于教孩子的人，一定要做到以人为本。

学校必须创造出"以人为本"的文化氛围。人——不管是老师、家长还是学生——必须放在首位，因为只有通过人的努力才能有所成果。让优秀的领导者去辅佐差劲的领导者，让优秀的老师辅助差劲的老师，这样是非常滑稽的。如果你是一位了不起的领导者或老师，就应该期待周围的人也同样优秀。贫困家庭的孩子即便有一般的老师和领导者的帮助也很难有所成就，这些地区学校里的老师必须非同寻常。

最好的老师和最优秀的领导者来到学校工作，在他们的鼓励下，家长也能变得非同寻常。一旦学校有了最好的员工，帮助家长使其变成非同寻常之人也就容易了许多。了不起的专业人才在学校环境中总能使周围的人变得更好，他们自然而然就能帮助家长成为更优秀的老师，以便更好地帮助孩子表达诉求。

优秀的老师、校长和领导者参与到教育工作中之后，他们会本着合作互利的原则与家长展开交流，教家长如何协助培养成功学生也就变得简单了。家长看到自己信任的人就任，知道学校里的人专业、有爱心而且很称职，他们就会开始关注孩子的学业问题。

信任是经过实践的考验证实之后才建立起来的。如果与学校相关的人都是最好的，那么所有人都能共同成长，共创成功。每个人彼此信任（不管是家长还是老师），这样的景况是值得我们所有人为之奋斗的。

策略概要

如果没有优秀的人才，学校就不可能得到积极有益的成果；如果没有家长的帮助，学校也无法取得瞩目的成就。家长必须是孩子们需要的样子，他们必须是非同寻常的家长，送孩子去的学校里也必须都是非同寻常的老师和领导者。学校里有优秀的人，就可以帮助家长学会如何成为好的家长。学校里的人都应该互相尊重，具备专业化水平和合格的素养。不管是老师、领导者、学生还是家长，每个人都应该具备一个优秀人才应有的特点，学校和家长必须学会"以人为本"。

策略 3

关注学生成绩

学生良好的学业表现能使好的学区变成伟大的学区，学业表现是评判一个学区好坏的度量尺，只有能使所有学生都有很好的学业表现的学区才能称得上伟大的学区。

如何使一个好的学区变成伟大的学区？有很多方面需要考虑。首先要设定一个起点，评估一下学区当下的情况，然后确定努力的目标。

最开始要做出如下假设：这是一个好的学区，但我们要将它发展成为伟大的学区。每一个学区都有其好的方面，就算是在困境中苦苦挣扎的学区也肯定有一些值得称道的方面。或许好的方面并不多，但只要细心去观察，总能发现一些。

或许学区里有一位了不起的老师，有一位体贴的校长，有漂亮的设施，家长参与度很高或是学区附近有清除垃圾的公益活动，一个学区内总会有一些好的事情发生。人们选择教育事业的时候，不可能是冲着做坏老师、坏校长和糟糕的学生去的。

假设一个学区是好的学区，这样人们就能关注学区内好的方面，然而，这个假设也迫使学区关注不好的方面。

学区领导者通过分析辖区各所学校里好的方面，可以找出一系列积极的特点，纳入到学校向外传递的信息中。对外传递的信息非常重要，可以帮助学校塑造内在和外在的形象。学校树立积极正面的形象，并使教职员工浸染其中，进而将学校的正面形象传递给家长和社区。学校里发生的积极的事情有助于塑造学校的愿景，这个愿景必须与家长、学生以及社区共享。

理想的情况下，学区内应该有一系列表现良好的方面，其中包括很高的期望和良好的学业表现，但如果这些方面有待改进，学区就应该坦诚面对现实，努力工作，提高学生的学业成绩。此时诚恳的答案是"我们还有很多工作要做"，这样就设定了目标，也传递出信息——这个学区有一些好的特质，但还需要完成一些工作，以取得更高的成就。

学区承认自己需要变得更好（每个学区都能变得更好）时，学区就有了更高的期待。领导者定下了学区的形象基调后，对学校的品牌进行深入思考就显得尤为重要——学区的品牌就是人们看到学区名字时的整体感受。

人们是怎么看待你们的学区品牌的？提及你们学区的时候，

人们的第一反应如何？这个问题的答案与学业表现密切相关。

从地区教育主管到公共信息官，从每个中心办公室的行政管理人员到每座教学楼的管理员，再到每所学校里的所有教职员工，所有人都必须持续关注学业"表现"。如果有人不相信学业表现的重要性，那么这个人就不适合在学校工作。家长也是一样，必须理解这一点，家长也需要明白自己的表现同样会影响到学校的愿景和品牌。家长要对自己有这样的期待——做最好的自己，帮助宣传学校，表达自己的诉求。

每个人都是传播者，每个人都能为塑造学校形象贡献力量，也都可以改变旧观念。每个人都应该心怀这样的信念，宣扬并期待优秀的学业成就。

关于学业表现的理念要传递到各级学区，很高的期望并不仅仅包括良好的学业成绩，还包括每个项目和每位成员的戮力同心。要使学区内的每位工作人员都树立起主人翁意识，在工作的各个方面都表现出很高的水准，不管是与学生相处，写电子邮件，向参加活动的客人致意，还是与保管人员沟通，每一项工作都期待着员工、教师和领导者有最好的表现。一旦在校内形成固化的信念，这种期待就会默默地影响到每个人。

这种高的期待渐渐从学校传递出来，家长和学生也会慢慢注意到。家长走进一个处处完美的学校是不是有种神清气爽的感觉？如果当家长与学校的工作人员接触的时候，会产生一种自豪感，这样是不是令人振奋？如果校长在众多的学校活动中都出席致辞，是不是会令家长安心？家长走进孩子的学校，产生的此类感觉，其原因非常微妙，此类感觉是无法用金钱买到，也无法用语言分享的。

领导者应该出席各种学校活动，帮助培养家长的此类感觉。领导者要成为学校的脸面，这样就可以塑造学区的品牌和形象，而领导者看重的也恰恰是别人对他们的看法和对学区的看法——领导者这样做可以向家长和外人传递出一种贴心的感觉。

能令家长感觉自己很重要、很有价值的学校会得到家长的信赖，孩子的学校能够尊重家长的价值也会令家长欣喜。学校应该让家长感觉自己也是学校的一部分，家长走近孩子的校园时的所思所想和个人情感有助于推动双方关系更进一步发展。如果学校忽略了家长的感受，要赢得一个伙伴共同培养学生走向成功就会很艰难。

家长和老师对学校的情感体验能侧面体现出一个学校的形象，良好的氛围能使身处其中的人处事的态度更积极，从而传播了高期待和良好表现的信息。

学区对外传递形象信息的努力应该包括媒体宣传，不管学区是在有很多新闻机构的大城市，还是在只有一家当地报社的小区域，都有报道新闻的对外窗口，可以使用博客、电子时事通讯、推特、脸书、网站等更快捷的方式传递消息。当然如果采用了这些方式的话，消息也可能更容易失控。

拥抱疯狂的媒体。随时将学区内发生的事情透露给报刊和当地电视台的联络人，要让当地的爱写博客的母亲们了解学区的最新动态，邀请家长共同努力，通过学生家长来传播好消息，授权家长做学区的代言人。当家长感到与孩子的学校有密切联系的时候，他们就会非常愿意帮助学校传播好消息。越多的人站在你们一边，就越容易保持你们想要保持和传播的形象信息。

不懈地坚持提高"表现"的信念，将所谓的"坏消息"控制在最小范围内。学区有责任帮助媒体和公众认识到那些琐碎、杂乱的事情是没有新闻价值的，是不重要的。对于学校而言，当务之急便是随时向投资人和周边居民通报与学业表现相关的事情，而不是打架斗殴事件。

足够好已经不再"足够好"了，学区在改进的过程中一定要牢记这一点，向公众宣传学区的时候也一定要牢记这一点。必须提高新闻传播的质量，促使公众思考对学校而言真正重要的是什么。多数家长都会说他们所在的学区不错，但是再问问他们认为临近的学区怎么样的时候，得到的答案可能就不尽相同了。

为什么会这样？为什么家长会认为自己孩子所在的学区没有

别人的学区好？因为学校工作没有做到位，没有始终将宣传的重点放在与学业相关的良好事迹上。当然，学校应该从人类情感的角度出发，向家长赞扬他们的孩子非常棒，但这些都应该源自不俗的成绩。提升学区的宣传质量是每个人的责任，如果学区致力于达成更高的标准，并加以宣传，家长也会随之效仿。学校必须引领宣传潮流，要实现这一点，首先必须从学业成绩上证明自己。

过去几年，在教育界中流传着一句格言"永不言败"。确实，在教育这件事情上是不容失败的。学校和家长应该高度关注学生的成功，并对此抱着极大的期待。如果所有的宣传和交流都能围绕着学校和学生的成功展开，那么所有人也就能够接受"永不言败"的态度。

我们期待这样一个转折点，关于学区的所有新闻和话题都转向一个方向：关于表现和成功。等到这一天，当地电视台的来电都是征询与学校成就相关的建议和专家观点；等到这一天，家长的来电都是看到学区取得了出色的统考成绩公布在报纸上之后的祝贺；等到这一天，世界500强公司的首席执行官的来电是要主动捐赠，支持学校的教育；等到这一天，教育长官会来电请学区帮助其他学区。当交流的关注点集中到学业表现上时，学区就能实现向成功的转折。

　　"足够好"已经不再足够好了，学区必须变得伟大，家长必须变得伟大。有太多的学生和家长需要特别的支持和指导，打造伟大的学校是每个人的责任。学校和家长冷眼旁观，学区内很多人都盲目无所适从，这样的情形已危如累卵。"足够好已经不再足够好了"，伟大的学区可以带动其他学区。我们需要有一个学区站出来，那就从你所在的学区开始吧。

策略概要

　　学校会传递出各种信息——指导信息、活动信息、新闻、投资人信息和关于学生的信息。学校在传递出的纷杂信息之中，必须刻意传递一些关于学业表现和学生成绩的信息。如果学业表现不好，那么其他任何事情都会变得无关紧要。把交流的重点放在学业表现和学生的成绩上，将其看作伟大学区建立过程中唯一重要的事情，要让每一所学校和每一位家长都关注学生的成绩。当所有人的步调都变得一致时，大家就都能了解目标的所在了。

策略 4

更好地满足孩子的
需求与渴望

如果伟大的学区要帮助落后的学区，就难免要讨论关于学生的问题，如今的学生是怎样的？

相比婴儿潮一代，当今学生的民族和种族更加多样化。尽管学生可能看起来有所不同，境况也不一样，但教育学生时仍应该坚持关爱和鼓励的态度，保持高效率。

不管生活状况如何，每个孩子都想要得到爱，得到抚育，得到尊重。

当今的学生可能比以前的学生多了手机、电子游戏等分心之事，但爱、支持、善意、帮助、鼓励、信任、坦诚、关爱，这些简单的事情仍然是孩子需要和渴望的，同时，他们还需要足够的住所、衣物和食物。

要建立培养学生的教育系统，最好充分意识到当今的孩子和以往的孩子在情感上的需求和渴望是相似的。

　　学生希望得到更多的支持，也希望生活中有人真正关心他们，家长和学校应该满足孩子的这些期待。

　　设想有一名学生来自核心家庭（核心家庭，指两代人组成的家庭，核心家庭的成员是夫妻两人及其未婚孩子），有父母和兄弟姐妹。

　　假设这名学生是个女孩，正在上高中，她的学习成绩很好，会踢足球，她的父母总是为她加油，给她鼓劲儿，她正在为大学和未来的事业做准备。

　　再设想有另外一名学生来自父母离异的家庭，她与之前那名来自核心家庭的女孩有同样的能力（或许不是踢足球，而是打篮球）。

　　再设想另外一位学生与祖父母一起生活，这名学生的学习成绩很好，出勤率完美，参加唱诗班的合唱和辩论赛。

　　再设想另外一名学生来自单亲家庭，这名学生的学习成绩也很好，沟通技巧很优秀，阅读能力很强，已经准备好上高中。

　　然后，再为每一名设想出的学生安排不同的情景。

　　或许那个女孩因为周末要与妈妈、爸爸和兄弟姐妹生活在一起，忙于各种琐事，因此学习成绩不好。

　　或许另外那一个来自父母离异家庭的女孩在学习上得不到支持，因为她的妈妈只顾着喝酒。

　　或许那个与祖父母一起生活的男孩不愿意上学，出勤率也不好，因为他衣衫褴褛。

或许来自单亲家庭的学生每天都上学迟到，阅读水平落后其他孩子两年。

所有这些情景设定都有一个共同点：每一个学生都只是个孩子，他们想要顺利完成学业。家长和教育工作者在面对上述每个孩子时的策略可能要有稍许不同，但将他们看作需要支持和鼓励的个体进行教育，这个目标是一成不变的，不同的只是对每名学生具体的支持、鼓励和关爱各有不同。

作为家长，这也不失为一个有益的提醒。孩子需要你们的支持、鼓励和关爱，而且需要你们针对孩子个体的特性去采取适当的行动。每个孩子在被拥抱、击掌或受鼓励的时候，希望的方式都会有所不同，大人必须弄清孩子想要得到怎样的认可和支持。婴儿还太小，不懂说话，但他们会哭闹、轻声哼哼和微笑，若家长用心，就能很快适应婴儿发出的这些信号。随着婴儿逐渐长大，家长也学会了迅速有效地理解孩子的暗示。作为家长，有时感觉整天、整周、整月都在忙于满足孩子的需求。年复一年，家长还是在不停地满足孩子的需求，但随着孩子的成长，境况就会有所不同。

然而，满足孩子的需求并非家长独有的职责，学校同样应该承担责任。随着差异化指导和个性化指导的突现，有很多工具可以用来满足学生多种多样的需求，这也就意味着要用不同的方式来教育不同类型的学生。

或许一名学生在教室后排无法听到老师讲课，老师就可以把他安排到前排；或许一名学生喜欢阅读关于猫头鹰的小说，老师就可以搜集一些与猫头鹰相关的书作为家庭作业供其阅读；或许一名学生通过小组学习效果比独立学习要好，那么老师就可以更多地采用小组学习的方式；或许一名学生仅仅通过阅读指导手册就能自己组装起一台机器人，那么老师就可以安排她在阅读课上独自去组装机器人。

不管学生的需求是什么，也不管他们的兴趣有多大，老师（和家长）都应该满足学生。然而，在迁就学生在学业上的需求和兴趣爱好的同时，也要促使他们向更高的能力层级发展。权衡二者需要细致的思考，而这也恰是教育和育儿的艺术所在。但是教育和育儿的艺术也不能死板无味，应该包含快乐、玩耍、欢笑、严肃、扶育、关爱和支持等。

志愿导师项目在调研年轻人课外生活需要什么的时候，学生的答案经常是需要在生活中有更多的成人支持并关心他们，这也恰恰道出了教育工作者和家长的心里话。

教育工作者和家长都是关心孩子、支持孩子的成年人，我们可以招募更多的此类成年人，组织一个志愿者项目，项目中要吸纳更多愿意给学生支持的人。

假设有一位名叫乔的学生，有一名志愿者在帮助他，假设志愿者叫"大卫"。乔的生活中没有一个稳定的父亲角色，因此大卫志愿作为导师陪乔度过学生时代。乔上三年级的时候两个人第一次见面，之后，大卫像朋友一样一直伴随着乔度过了小学、初中和高中，给他鼓励。

从高中起，大卫帮助乔申请大学和奖学金，两人之间建立了深厚的友谊，两人之间的关系改变了乔对大人的看法。这段关系也令大卫发现，帮助一名学生是一天中最好的时光——把时间献给一名学生是作为志愿者最大的内心奖赏。

乔上了大学，遇见一个女孩，陷入了爱河，后来又向那个女孩求了婚。乔都是第一时间把这些消息告诉大卫，后来乔又请大卫做他的伴郎，这就是我们所说的"更多的成人支持"的含义，这就是我们所说的，让学生包围在爱和关怀的氛围中。提供机会，使成年的导师与学生建立友谊，如果幸运的话，你或许也能经历一段乔和大卫一样的故事。

当学生感觉得到了支持和关爱，他们就会努力表现，向大人证明自己。作为教育工作者，利用这一点来做对学生有益的事情非常重要。

学校应该建立一套体系，充分认可学生的成绩，为学生提供学业和情感上的支持，这样就能使学生感觉到自己的价值。学生的责任在于每天来到学校学习，获取知识。当他们认为学校值得来，就会努力表现。因此学校必须营造出一种环境，可以使学生对自己的成就感到满意，即培养他们的自豪感。

如果在学校的环境中学生能感觉到受人支持，感觉到有意义，感觉到他人的高期待，他们自然而然就能产生这种自豪感。在良好的校园环境中，学生开始互相体察。他们开始关注同学是否感到生活有意义，有没有变聪慧，有没有变优秀。当老师开始监督彼此之后，学生也会纷纷效仿。

想象一下，老师和学生互尊互敬的氛围是多么美好。学校和家长每天都应该去努力培养这种氛围，只有这样，优秀的学业表现才能得到认可和奖励。依据学生认为重要的事情，为学生建立一套认可体系，以此激励学生。为准备考试的学生买午餐，出资为学生选修当地大学互认学分课程，为表现优秀的学生组织欣赏一场音乐会，还是制作分发学生自己设计的T恤衫？奖励学生的方法很多，但在奖励之前，必须让学生认识到应该为自己的学习负责，学生必须对自己的学习进度负责。学生承担责任的态度在家中也同样适用，如果给学生机会来为自己负责，他们通常都能做得很好。

如果机会不断摆在眼前，人内在的要为自己负责的情绪就会喷薄而出。想象一下，一个蹒跚学步的孩童所有事情都要自己动手——自己吃东西，从麦片包里倒麦片，不用勺子就喝光一大杯牛奶，用卡片粘一个纸盒子，自己画画，挖土，诸如此类，所有事情他们都想自己做。孩子长大之后，这些习惯也不会改变。

给学生机会追踪自己的学习和发展进度，结果反而更好，因为这样的话，他们能看清怎样做对自己更好。学校和家长必须为学生提供这样的机会，让他们看清自己做的事情，理解自己未来的方向——了解自己的目标对学生来说是非常重要的。

理解了成长道路上的责任感，又了解了最终的目标，这样能促成自然的成就系统。当学生知道该采取哪条道路来实现目标之后，通常会做得更好，为什么老师和家长不给学生提供这样的机会呢？

在理论上思考责任和义务总是非常美好，但在现实中真正承担起责任和义务则要求学生对学校里的同学有好感。多样性有其美好所在，而学生之间互相欣赏也是美好的。这种情感是孩子天生所有的，除了肤色、语调或语言之外，孩子并不会注意到其他孩子有何不同。孩子不会将这些看作差异，而只是看作另外一种特点。你能想象一个人一生都怀着这样的想法吗？孩子都希望一直保持这样的认识——接纳各种各样的人，对任何人都不冷漠。

孩子渴望诚实，他们希望他人能像他们一样诚实，而且别人说谎的时候，他们能听出来。各种各样的学生互相学习，互相请教是一件美好的事情。如果学校里能有这样的美好，能培养多样性，学生就会表示赞赏。这样学生就会关心彼此，关心学校，然后学生就会关注外界对他们的看法。让学生认识到外界如何看待他们，就可以帮助他们理解自己必须向外界证明自己，这样做可以激发学生更高的潜力，也能带来更大的成就。

最初学生有了对自己的责任感，并明白要承担起自己的义务，而现在他们的这种意识又更进了一步，因为这关乎别人对他们的看法——不仅是对他们个人的看法，而且是对他们这一个群体的看法，学生会整体考虑彼此。想象一下，如果整个学校系统、整座城市、整个州、整个国家都能整体考虑彼此，那该是多么美好的事情！

策略概要

当今的学生比以往要更加多样化，拥抱现实，教育学生的时候要怀着爱意、关怀、尊重和期望。学生的多样化和他们因此承担的压力都是改变不了的，我们能改变的是固有的"这些学生在学校里不能学习，无法应对这一切"的观念。学生反复用实践证明，如果我们能像对待独立的个体一样爱护、支持他们，为他们设定目标，他们就能直面挑战。学校应该充分保护学生，培养他们达到更高的学习水准，家长也应如此。

全美公立学校有五千万名学生在读，还有这五千万名学生的家长，暂且估算全美至少有一亿人与学生的学业有直接关联，再加上老师、校长和学校的职员。这样算来，全国与教育事业相关的人数将会翻番，所有人数相加将超过美国人口的一半。

教育是全美三亿人都应关注的事情，我们每一个人都应该为五千万学生创造良好的学习环境而努力奋斗。

策略 5

培养良好的
人际关系和责任感

整体考虑彼此意味着要思考人际关系和责任。作为家长，我们应该意识到"养育一个孩子需要与学校同心协力"；作为学校，我们应该与家长同进退、共荣辱。

在日本冲绳岛上有一个词，叫作"同一个家庭"。首先要记住冲绳岛是全球老年居民比例最高的地区，也就是说这个岛上的人很长寿。岛上所有人都感觉自己是家庭的一员，同时他们也感觉要为其他所有人负责。不管长幼，每一位居民都有责任去教育抚养孩童和赡养老人。

同样，学校也应该创造出这样一种环境，在这种环境下，领导者、老师、学生和家长都认为自己要为学校的成功承担责任，这样就能培养相关人的主人翁意识，促使他们考虑对学校和学生有益的方面，并做出正确的决定。

有责任就有人际关系要处理。我们说责任感就是使命感，而良好的人际关系则是学校繁荣的基础。领导者与老师的关系、老师与学生的关系、学校和家长的关系都必须和谐，以确保学生达成学业目标。人际关系的存在就好像一个体系，在这个体系之下，领导者、老师、学生和家长能够得到多重支持，学生在这个体系下也能感觉到，无论在校内还是在校外，都有不同的人在支持他们。

人际关系体系能帮助学生深刻理解协作、专业性和学习，学生会看到自己在整个体系的平衡中的重要作用。如果方法得当，学生就能从积极的人际关系中受益，因为在积极的人际关系中他们能感到自己的价值和重要作用。

学校应该考虑定期邀请家长和其他校外的成年人参与学校活动。不管是有爱心的成年人通过志愿者项目定期来学校与学生共同学习，还是商务人士资助学生参加某个项目，这些外部人士与学生的交往与沟通都是重要的人际交流。让学生直接面对商业人士和志愿者，可以让他们感觉自己对未来有一定的话语权，同时还能再次激起他们内心的责任感，即必须努力树立自己在社区内的形象。

学生在生活中应该尝试各种经历，以便更好地构建自己的人生观。在学校里和社区内处理各种关系可以增加他们的人生阅历，积极有益的人际关系可以拓宽学生的视野，也能使他们的生活变得积极乐观。

学生的生活要想变得更丰富、更有意义，就必须掌握与各型各色的人进行交往和交流的技巧。在学校里，在工作场所，在社交场合，孩子都应该成熟自信地把握自己的言行，在这些场合的锻炼有助于提高他们建立人际关系以及沟通协作的能力。

写一些私密的小纸条，传授给学生和家长关于人际关系的要领；教会他们要身体力行，传递关爱之情；引导他们通过支持、鼓励和倾听来构建良好的人际关系；利用在学校安排商务午餐的机会，向学生展示真实世界的模样，所有这些举措都有助于学生建立良好的人际关系——内在和外在的。

学校内部的人际关系非常重要，同样当地社区内的人际关系也很重要。邀请当地商人和社区领导者来学校，让他们理解学校的现状，了解未来的劳动力和城市将会是怎样的。领导者应该着力关注学生的成绩，因为这些学生未来可能会成为他们的手下员工。

能有世界500强的首席执行官给学生演讲是无比宝贵的经历。其他人对这些高管可能毕恭毕敬，但是学生与他们讨论的时候则不会避讳任何问题。专业的高管来学校与孩子交流，真诚地讲一些工作上的事情，这样不但不会触碰公司的底线，还能提高他们在社区的可信度。学校可以将此类交流活动作为培养学生沟通交流能力的必要部分，纳入到学校的日常安排中。

学校领导团队和教职员工在邀请社区和商业领导参加活动的时候要表现出专业性。学校要让参与者感到能有所收获，参与者才会愿意积极主动地配合学校的安排。社区和商业领导者应该是愿意与学校携手合作的，因为这样可以使他们感觉自己投身到了某项特别而伟大的事业中，学生和老师共同创造出的自豪感也会令社区领导者对学校产生好感。

有很多方法可以使社区感觉与学校的关系良好，我们需要时常思考如何强化这种联系。学校可以安排学生游说街坊邻居宣传学校的一个项目或传播关于学校的情况；组织一次社区垃圾清理活动，证明学生关注社区的环境；组织社区娱乐活动，邀请社区内所有的人到体育馆参加狂欢，畅享免费食物或观看免费足球赛。学校组织的活动应该与社区相关联，能够帮到社区，要向社区证明，学校愿意为他们付出，学校愿意与其建立良好的关系。

人际关系和责任的循环并不只限于学校和社区的联系，还包括学校与其他学校建立协作关系。想象一下成就最高的学校与表现最差的学校互相协作，通过联合努力，表现差的学校在表现优秀的学校的带动下取得了长足进步。要期待学生都向更高水准的学生看齐，这样就形成了"好学生带动出更多好学生"的态势。每所学校都有责任做到成功，其他学校也都会自觉看齐，确保自身也获得成功。

这样算不算激进的集体主义观点？不算，这只不过是一个简单的事实：如果我们的学校取得了成功，那么表现好的学校领导者、老师、学生和家长就会去帮助那些相对落后的。我们为之奋斗的事业——建立学校体系是多么伟大啊！如果不为那五千万学生、他们的家长和他们的学校而奋斗，还有什么值得为之奋斗的呢？

策略概要

认为教育和照料学生的责任应由他人承担的日子早已过去，这项工作人人有责。这片国土上的学校，特别是处于贫困地区、学生多样化的学校应该成为每个人肩负的责任。每个人周围都有一些需要帮助的学生，懂得成功之道的领导者、老师、家长和学生应该教授和帮助那些尚不知晓的人。学校的职责极为重大，不容有失，所有人都要为学生负责，养育一个孩子需要所有人同心协力。

策略 6

建立高质量的体系

　　我们在提到"奋斗"的时候，并非要真正挽起衣袖抡起拳头打上一架，而是强调积极解决一个实在问题的重要性。但如果说到"斗殴"，我们就应该探讨学校作为学生和社区安全港湾的角色。学校必须建立完善的关注体系——体现出学校关注学生、家长和教职员工白天和晚上都在何处聚集。

　　体系是学校的运营最重要的方面，学校的运营必须理顺，才能够高效运转。

　　公立学校体系下全是不良少年、难管理的孩子，这都是成见，这些成见一直深深印在某些家长和社区群众的头脑中。这种成见在那些没有建立恰当修正体系的学校里确实存在，但在多数的公立学校里并没有这样的问题。是的，公立学校必须接纳辖区内的所有学生，这样一来学校里确实会有一些不懂礼貌、言行不端的孩子，但同时这也意味着学校和家长需要加倍努力，教养出更好的孩子。

　　的确，有些学校混乱不堪，不太安全，但这类学校真的很少。不安全的学校必须做出整顿，让学校变得安全，因为安全的学校是社区的基石。

　　学校应该是孩子的避难所和港湾，同时还是孩子学习的地方。我们不能容忍不安全的学校出现，建设安全的学校应该是所有人的首要任务。

　　没有和不安全的学校打过交道的家长通常无法理解哪些因素会使学校变得不安全。有时候一点都市传奇般的小事件，诸如小的打斗或孩子举止不端，就能被人渲染成可怕的故事，闹得家长和社区认为是某个学校不安全的表现。解决这种问题的方法如下：不要让小的打斗或不端的行为发生，一旦出现此类行为，不要让这些事情成为人们关注的焦点。学校要纠正此类行为，对暴力行为零容忍，然后向前发展。

　　这个问题非常敏感，特别是想到校园枪击案引发的灾难性后果。但学校的内部安全在一定程度上是可控的，这必须作为校园内首要的任务来抓。

　　安全、有秩序的校园要靠严明的纪律、强有力的人际关系、有效的惯例和组织有序的活动才能形成。

　　总而言之，暴力零容忍和学校安全行为方式应该有如下体现：

任何情况下，学生、学校雇员或外来访客在校园内都不能携带任何危险物品，不得进行任何危险行为。如有违犯者，立刻开除、留校察看或进行刑事起诉。

安全是首要问题，安全是学校在教学工作开展之前需要满足的基本要求——巨大的成就更是再后来才会有的事情。所有的人（家长、学校领导、老师、辅导员、学生和社区领导者）都应该对此负责，责任和人际关系都应以安全问题为本。只有保证学校安全有序，才能创造出优秀学生需要的环境。

一旦学校的安全问题得以解决，学校另外一些天然的功能也就会自然而然地发挥出来。当然，完善详尽的功能体系可以让校园给人更多的安全感。

你肯定不希望看到那些从未接触过你们学校的访客或社区里的人有机会说你们学校的坏话。

校园里的宣传栏、告示和旗帜都要时时更新，传递出的信息必须与当前学校的情况相一致，这或许是社区中的某些人了解学校的唯一渠道。

你们学校宣传栏里现在都贴着些什么？你们想要分享怎样的信息？你们想要传递怎样的形象？

社区内生活的人对学校的印象都是从学校的外表开始。地面上不能有垃圾，校园美化工作要做好，停车场要干净。这些方面很重要，访客和家长走进校园时会根据这些来对学校做出初步判断。

事实上，学区应该花时间和资金来美化校园，校容会对人们的判断和认识产生很大的影响。也许你会说"不要以貌取人"，但你心里也清楚自己也会以貌取人的——所有人都是这样。

这些工作做好以后，还要关注校园之外的地方。通往学校的甬道两侧看起来如何？是否需要修葺？校园周围的环境也应该与校园内部保持一样的高要求。一个学校的形象不仅限于校园范围内，如果方法得当，学校可以影响到整个社区。也就是说，学校的外观、清洁程度和自豪感应该去影响周边地区百姓对自己的家庭和街道的感觉。

如果街道需要修葺，就与市政部门合作，尽快修好。利用城市资源来帮助学校，建立与市政管理人员的沟通渠道，做好学校周边的建设工作，帮助城市管理者理解需要完成的工作以及这些工作为何会影响到学校。关注学校周边的区域可以为城市赢得赞誉，学校能变得更安全，街道也会变得更整洁，此举可使城市与学校实现双赢。

将临近社区的情况也纳入到学校的责任体系中。校长是否经常在周边社区巡查，知道学生和家长的住所？校长走进一家人的屋里能否受到欢迎？家长是否希望学校有开放门户的政策？这种开放门户的政策能强化双方的关系，增强彼此的信任。

　　针对校园安全和校容而建立的完善详尽的关注体系应该成为学校常规。学校提供学习的机会，组织活动，这个过程中要秉承同样的安全和关注标准，这样才能确保所有人都将关注点落在高质量的功能体系上。

　　活动是否按时举办？观众是否尊重演讲者？演讲者是否尊重观众？活动的组织是否顺利？演说展示是否有意义，能否展现出学生的成就？家长、访客、学生和社区成员走进学校参与活动时，能否从中体会到校园的成功？这样的活动可以更直观地展现学校的整体面貌。这是一种人为打造的体系，这种体系必须刻入到学校的基因中。

　　事实上，重要的不仅仅是校容，还有校园里的声音。你以前有想过这些事情吗？不管你是一名家长还是学校雇员，或者是一名访客，校园里都会有哪些声音？校园安静吗？校园里会不会传来阵阵兴奋的欢呼？声音可以反映教学楼里的情绪。安静的走廊、学生的学习和老师的教学都会影响到校园的声音，要特别注意学校里的声音给人的感觉。

　　学校对公众展现出来的样子会影响人们对学校的评价，家长应该理解这一点。那么家长应该负责哪些体系呢？家长应该按照学校的高标准严格要求自身。妈妈们是不是经常传播老师和其他孩子的小道消息？家长会不会对学校的运营指手画脚？

家长与老师的协作是以联谊会还是工作会议的形式展开？（二者皆可，只要收效明显即可。）家长会不会照顾其他家长？家长是否欢迎新的家长加入，并向新来的家长表达高期待？

最关键的是，家长也要秉持学校的标准。如果学校和家长能够携手构建高质量的体系，学生就一定会有所成就。

所有人携手，这个体系就能展现出来，并高效运转。理清体系中的每一个角色，使每一个角色对学校的功能产生益处，这个过程可以帮助家长和学校认识到自身的重要性。

体系的存在使学校能够正常运转，高质量的体系打造出高质量的学校，家长和学校都应该为此负责。

策略概要

任何学校都应该是安全的学校，校园里的人都应该关注功能体系和校容。学校要倍加努力，确保校园的安全和教学质量，并将这种印象深深印入到社区群众的头脑中。我们提供的建议看似都是小事，但对每个人的日常生活都提出了一些改进意见。这些文字看似沉闷冗余，但这些看似细微的差别却能带来好的改变——这些建议可以改变他人对你们学校的看法。

人际关系、规则、活动、权力和行为体系必须建立，而且必须以一流的专业水准加以要求。建立安全和活动体系，会让学校变为人人珍爱的圣洁之地。

策略 7

提高学业标准

关注早教、以人为本、传递信息、人际关系和责任、以学生为中心以及建立高质量的体系，可以使学校成为学生成功的摇篮。当学校具备了这些特点后，学校的关注点就会落在学业上，最终，"学业表现"才是学校之间比较的度量尺。

学校教育孩子的工作很伟大。学校每天都在教授孩子各种各样的技能——阅读、写作、数学、科学、美术、音乐、游戏、玩耍、社交、情感管理等。现在的父母和学校比以往任何时候都更理解时间的重要性，现在的父母和学校比以往任何时候都更想要有一本指导手册，教他们如何去做。

通过实践此前所介绍的经验，学校取得了很大的进展和成就，以此为基础，学校可以培养出一种情绪，促使家长帮助学校进步。学校单方面做不成这件事，家长单方面去做也行不通，学校和家长必须携手努力。

学校应该保持严苛的态度，坚持做到优秀的表现。但学校经常不能透彻地解释"严苛"是怎么回事，也解释不清"表现"是指什么。严苛意味着在学习材料方面要有难度，有价值，有意义，要令学生感到吃力才能做出来。严苛意味着要有学术热情，严苛意味着孩子在进行困难、有意义的学术项目时要感到非常难。从这个意义上讲，教与学的目的在于使学生为将来的职业生涯做好充分的准备。

学校应该行动起来，帮助学生和家长认清道路，为学生从地区高中毕业之后的学习和职业生涯做好准备。

在阐述早教重要性的时候，我们着重强调了那些出生之后没有人教会阅读、交谈、倾听、玩耍和歌唱的孩子存在的词汇鸿沟。在这里我们会介绍一些方法和步骤，可在孩子上学之前采用。

下述指导建议对家长（还有他们的宝宝和学龄前孩子）而言至关重要，在孩子上学前班之前就要全部掌握，这一阶段的学习几乎可以决定孩子未来成功的轨迹。不管是好是坏，早教的这段时间会决定孩子未来在学校的表现，而且通过这段时间的表现，基本能判定孩子在三年级时的表现。也就是说，如果你的孩子能够在上学前班之前掌握基本的词汇、阅读、玩耍、交流、嬉闹和其他学前的技能，就基本可以保证他在三年级及以后的学校生活中取得成功。

　　这项责任或许会令家长和教育工作者感到畏缩，但是不要害怕！多数时候，这些技巧都是在家长、教育工作者与婴儿、学龄前儿童交流中自然而然培养起来的，了解何时应该有目的性地与孩子交流才是关键所在。作为家长，你最重要的工作是养育孩子。这项最重要的工作之外，你在抚养孩子的过程中还有责任完成一些非常关键的事情，教育工作者应该帮助家长理解这一点。

　　我们能够灌输给孩子的各种技能中，最重要的一项就是读写技能。读写能力——包括阅读、写作、语言和词汇，是孩子在学校和未来生活中能否成功的最关键因素。教会孩子读写的本领能确保他们有能力独立学习更高级别的知识，这项工作越早动手越好。

　　既然这项工作越早开始越好，那么家长可以按照下述指导建议，从孩子出生到婴儿时期再到蹒跚学步，逐步培养孩子为以后的学习和生活做好准备的能力。

出生至六个月：初现雏形

交谈

　　这个世界上所有的事情对于婴儿来说都是新鲜的，当你对着小婴儿说话的时候，他会非常着迷。婴儿会观察你的嘴型，由此形成了语言能力的基础，在他们未来的生活中使用。多花一些时间和孩子面对面交谈，用语言描述你的动作，让孩子接触到新词汇。

拥抱

孩子哭闹的时候去哄他们，孩子就知道你们能够理解他们人生最初的交流方式。多抱抱孩子，让孩子知道你为他创造出一种安全、可信的学习环境。

读书

手头随时都要有书，给孩子读书越早越好，这样做可以为孩子播下语言和读写能力的种子。

六个月至十四个月：发展阶段

探索

你的孩子开始四处活动——使他得以探索世界。给他足够大的空间，能够自由活动。在他身边放一些有趣、安全的物件，供他探索。把几本书翻开，供他探索，他喜欢自己能够翻开纸页的感觉。

尝试

你的孩子已经开始了解因果关系，你可以尝试引导孩子玩拨浪鼓或其他可以摇晃、有弹力、能敲打的安全且有趣的玩具。尝试掀开盖子再盖上，把物品放进盒子再拿出来，或者玩躲猫猫游戏（躲猫猫：大人把脸一隐一现来逗小孩发笑的游戏）。

回应

你的孩子想要和你交流！虽然他还只是牙牙学语，但是你也要停下来给他回应，做一次迷你交谈。有时你可以重复孩子发出的声音，这样可以强化孩子的声音敏感度——这项技能在后来可以用在阅读学习中。

小贴士：每晚睡觉前都给孩子读书，这是家长助力孩子在人生和学业上成功的最好方法之一。

十四个月至二十四个月：理解

解说

你的孩子逐渐开始理解你所说的话，为了更好地帮助他来理解，你可以解说他周围发生的事情。你在解释周围发生的事情的同时，也帮助他将动作和文字匹配了起来。

拓展交谈

孩子说出的句子非常短——有时只有一个词。你可以把他的想法拓展成一个完整的句子，以此开发他的语言能力。当他指着一样东西说"毯毯"，你就可以教他说："噢，你想要抓住毯子！"这就叫作拓展交谈。

体谅

孩子对语言的理解能力远超他的表达能力，这对他而言是非常沮丧的一件事情，要有耐心，动物的叫声、生活中常听到的声音还有歌曲可以作为提高语言能力的有效工具。在这个年龄，引导孩子阅读每一页只有一两个词的简单图书会非常有用。蹒跚学步的孩子经常通过手势来交流，要让你的孩子知道你能理解他想要对你说的话。

体验

带着你的孩子四处走走——去杂货店、公园和邮局之类的地方，这样有助于开发他的背景知识，等到他开始阅读和写作的时候就会用上，这些经历可以帮助他理解周围的世界。

二十四个月至三岁：表达

重复句子

你的孩子已经可以流利地与你交流，要腾出时间来回答他的问题。随着他的语法能力渐渐培养起来，你就可以重复他说的句子，但不要纠正他。如果他说："她玩具拿了。"你就可以重复："噢，她拿走了玩具！"

创造阅读的机会

为孩子创造出大量丰富读写能力的机会，例如给孩子指一指周边环境中的文字（像商店和饭馆的标识牌、孩子最爱的食品的商标、停车标识），给孩子读有重复文字的书便于孩子记忆，和孩子进行对话式的阅读，即探讨书中发生的事情。比如，问孩子"你认为下一步会发生什么"或者"你觉得那个孩子会有什么感受"。利用读书和其他机会来讨论概念性语言，比如相同和不同、更大或更小。

唱歌

唱字母歌，唱有韵律的歌，唱摇篮曲。在车里不停播放这样的歌曲，随着音乐一起唱。每天都要歌唱，大声说话。唱一些简单的歌曲，帮助孩子学习、记忆词汇和声音。

绘画

你的孩子会开始在纸页上表达自己的情感了，鼓励他每天利用各种不同的材料画画或涂写，偶尔可以让他趴在那里画画。这样可以帮助他锻炼握铅笔的能力，提高身体灵活性。

阅读、阅读、阅读

陪孩子阅读的时候，要指向书中的图画，讨论一下图画以及书中发生的事情。问孩子："你觉得接下来会发生什么？图画里画的是什么？"让孩子做出预测，引导交谈的方向，交谈的过程往往比书中的内容更重要。

小贴士：和孩子一起讲故事，编一些简单的故事，让孩子置身到故事里的冒险情节中。假装生活就是一场冒险，将你和孩子一起的生活扮成一场冒险旅程，由你们共同掌控方向。童年是人类无忧无虑去犯傻和创造的最好时光，利用这段时间培养孩子的冒险和好奇精神。而对成年人来说，回忆起受约束又充满好奇的童年也令人心生感慨，试着透过孩子的眼睛看世界。

三岁至五岁：继续关注读写能力

阅读、阅读、更多地阅读

和孩子一起读书的时候，要不停地给他讲书中发生的事情。读完一本书之后，问孩子："书中最开始发生了什么事情？中间发生了什么？最后发生了什么？"问一问孩子最喜欢故事的哪一部分，问他故事是否与现实生活有某种联系或是令他回想起生活中的哪些事情。

名字

应该让孩子知道自己的名和姓，教孩子练习姓名的写法，还应该教孩子知道父母的姓名。

阅读各种书籍

阅读各种各样的书籍——小说、非虚构类书籍、诗歌、绘本等。

儿歌时间

读童谣，玩押韵游戏，利用在车上的时间或排队的时间来编排押韵的字句。

用心对待

不仅在与孩子一起坐下来阅读的时候要用心，而且要有意地教导孩子尊重整个阅读的过程，教会孩子读书要用心："这是扉页。这本书的作者是苏斯博士，插画由埃里克·卡尔完成。"合上书的时候，可以对孩子说："故事结束啦。"

鼓励

让孩子在你面前要尽力去阅读，告诉他："你是个了不起的阅读者！"鼓励这个小读者和小写手，让孩子成为一个写作者，创造自己的故事！

到此刻为止，从孩子出生到五岁这段时间反复重复上述步骤，通过深度练习，孩子已经具备了上学前班的基础。孩子上学前班时需要掌握很多重要的技能，要求孩子具备这些技能是不是要求太高？的确很高，但孩子掌握了这些技能就可以走上成功的道路。记住，越早开始对孩子越好。

学前班必备技能

阅读、写作、语言和数学

● 会写自己的名字和其他一些很有意义的词和短语，比如"我爱你"。

- 不仅对书本中的图画感兴趣，而且开始对其中的文字产生兴趣。

- 认识字母，知道字母的发音。

- 能回答关于人物、事件、时间、地点和过程的一些问题。

- 能复述故事。

- 能拼出简单的单词。

- 表现出对字词拼写的兴趣。

- 会唱字母歌，会唱简单的儿歌。

- 数数可以数到20，能认出1到10的写法。

- 懂得数字代表数量。

- 懂得位置和方向概念（上、下、附近、旁边）。

- 可以使用描述性词汇（热、冷、最多、最少、白天、晚上）。

- 能识别并说出简单的图形、颜色和身体部位。

- 能够领会多层级的指令。

精细活动

- 会使用学校的日常用品（剪刀、蜡笔、铅笔和胶水等）。

- 画简单的图形。

- 能够自己穿衣服和脱衣服（纽扣和拉链）。

运动

- 在户外享受快乐。

- 跳跃、蹦跳、奔跑。

社交和情感

- 通过手势、举动和语言来表达情感。

- 参与到互相信任和尊重的关系中。

- 以安全和负责任的方式尊重和执行指令。

- 能与他人协作、分享和玩耍。

- 能用完整的句子与成人或其他孩子交谈。

上述清单并没有包含孩子需要掌握的所有技能，但总体要求大致如此，家长应该教会孩子这些技能，教育工作者应该帮助家长理解这些技能对孩子的意义。家长可以对上述清单的活动和经验加以补充，但此处概述的内容是一个基础，家长应该关注到这些要点。家长是孩子最好的榜样，从孩子出生到上学前班这段时间，带领孩子针对上述核心的技能进行深度练习，这是成功的开始。

按照这些步骤进行学前教育，家长就能培养出优秀的阅读者、写作者和思考者。学生必须具备读懂问题、篇章和故事的能力，才能走向成功的彼岸。学生要有毅力，有毅力就是尽管困难，但通过内心的斗争也要选择去做正确的事情，只有这样学生才能独立思考、独立创造、独立奋斗、独立理清思路、独立取得成就。

你有听说过这样一种说法吗？失败代表"第一次学习的尝

试"。向孩子传授思辨、思考、分析、失败和成功的能力并非尽人皆有的天赋，这种天赋需要细心培养，需要时间，需要坚忍不拔的毅力，需要刻意的行动。家长必须帮助其他家长掌握这种天赋，明明可以帮助塑造孩子的学习，为什么还有如此多的家长保持默然，无所行动呢？

家长是帮助学校实现更高层级成就的最得力帮手。我们必须共同努力，携手创造更好的未来，而从孩子出生到上学前班这段时间是开始塑造这种关系的恰当时机。让家长参与进来，让他们也理解这些基本的读写技能，这样可以帮助学校培养出大批优秀的学生。

学校可以利用学区内的早教项目来培养优秀的学生队伍，同时，也可以依靠孩子的爸爸和妈妈来培养优秀的学生队伍，家长在教育婴儿和蹒跚学步的孩子时需要指导和支持。为人父母并非易事，学校可以在早教的这段时间里伸出援手，减轻家长的负担，弄清该安排谁进入一个家庭，教授婴儿的父母如何为人父母。

父母养育孩子的责任并不会随着孩子上学前班就结束，孩子上了学前班之后，父母惯有的心态是"现在教育孩子的责任全在学校了"。的确，教育孩子是学校的责任，但同时也是家长的责任。还是那句话，教育孩子是每个人的责任。

家长应该像学校一样，跟踪孩子各方面的发展情况。下面是学生在小学期间应该掌握的一些技能，家长和学生都应该熟悉这些技能，这样才能了解应该做的事情，多半时候如果你不懂规则就肯定赢不了一场比赛。

学前班

智慧足迹

- 每天安排阅读的时间。

- 大声读出交通标志和其他日常标志上的内容。

阅读目标：学前班结束之前，孩子应该能够完成下述事情（包括但不限于）：

- 学会阅读文字的顺序：从左到右、从上到下，一页一页地读。

- 认识所有大小写字母。

- 能读出常用词（你、我、他）。

- 有目的性地阅读和理解初学水平或更高水平的课文。

- 在有提示和帮助的情况下，识别故事中的主角、背景设定、问题和主要事件。

- 会写基本的字词，能组成完整的句子。

数学目标：学前班结束之前，孩子应该掌握如下技能（包括但不限于）：

- 知道数字的读法，知道数字的顺序。

- 能够数出物品的数量。

- 能大声数到115。

- 知道加法是要增加。

- 知道减法是要减去。

- 将物品分类并数出数量。

- 能认出最近的整点时间。

- 能够描述、说出并解释空间中的相对位置（上面、下面、前面、后面）。

- 开始学会认识钱币，学会数钱。

一年级

智慧足迹

- 每晚安排时间阅读，并讨论阅读的内容。

- 练习使用多种不同方式去阅读认识和不认识的词。

- 背诵字词。

- 讨论词的构成和使用。

阅读目标：一年级结束之前，孩子应该能够完成下述事情（包括但不限于）：

- 能认清一个句子的显著特征。

- 有目的性地阅读和理解本年级水平或高于本年级水平的课文。

- 通过关键细节对故事的角色、背景设定、问题和主要事件进行描述。

- 写一个最少有四个完整句子的段落。

数学目标：一年级结束之前，孩子应该掌握如下技能（包括但不限于）:

- 解决包含加减法的问题。

- 识别复杂的图形，理解重复图形是如何形成的。

- 可以用2、5和10的倍数来计数。

- 理解进位制的概念。

- 20以内的加减法计算。

- 丈量尺寸，并与现实生活中的物品做比较（"这张桌子有5支铅笔那么长"）。

- 能够认出并写下最近的整点或半点时间。

二年级

智慧足迹

- 每晚安排时间阅读。

- 与孩子共同阅读时问他一些问题。

- 让孩子详细讲述最近参加的一次活动。

- 让孩子养成良好的习惯。

- 在商店买东西的时候让孩子选几样商品付账，在挑选商品和付账的时候与孩子讨论商品的价格。

阅读目标：二年级结束之前，孩子应该能够完成下述事情（包括但不限于）：

- 有目的性地阅读和理解本年级水平或高于本年级水平的课文。

- 针对孩子读过的一段文章提问，并让其回答问题。

- 复述故事，找出故事的核心观点、给人的教训或故事所表达的道德意义。

- 对比同一个故事的两个或更多版本。

- 描述故事的结构（开端、发展和结尾）。

- 让孩子解释一段文章的意思，领会文章的言外之意。

- 用五到七个完整的句子写两个或更多段落。

数学目标：二年级结束之前，孩子应该掌握如下技能（包括但不限于）：

- 做加减法题目。

- 了解分数的概念，使用分数解决数学问题。

- 用标准的单位来丈量、估测长度（比如使用厘米和米）。

- 学会看时间和用钱。

- 利用模型，从不同的视角识别各种形状。

三年级

智慧足迹

- 每晚安排时间完成家庭作业，进行阅读。

- 描述一个故事的各个部分是如何联系起来的。

- 体会故事作者的观点。

- 使用尺子测量物品。

阅读目标：三年级结束之前，孩子应该能够完成下述事情（包括但不限于）：

- 大声朗读本年级水平或高于本年级水平的课文，语速和语调要得当，根据文章难度调整朗读速度。

- 利用上下文确认或纠正字词认读和文章的理解，必要的时候可重复阅读。

- 回答相关问题，证明对文章的理解。

- 回顾原文，作为回答问题的基础。

- 复述故事，做比较，分析因果，排列事件次序。

- 辨识故事中明喻和暗喻的使用。

- 写多段落文章，要有开端、发展和结尾。

- 多读非虚构类书籍。

数学目标：三年级结束之前，孩子应该掌握如下技能（包括但不限于）：

- 学会乘除法的使用。

- 100以内的乘除法计算。

- 能够读出和写出所有的数字和小数，并进行分类。

- 利用估计和估算解决问题。

- 解决与时间间隔、液体容积、物体质量的测量和估算相关的问题。

- 提供数据并做解释。

- 理解面积和周长的概念。

四年级

智慧足迹

- 每晚安排时间完成家庭作业，进行阅读。

- 与孩子聊一聊一天发生的事情。

- 练习所有的基本数学运算（ +、−、×、÷ ）。

阅读目标：四年级结束之前，孩子应该能够完成下述事情（包括但不限于）：

- 利用特定的细节解释文章主旨。

- 通过文章的细节，理解故事、戏剧或诗歌的主旨。

- 进行文章概述。

- 进行故事背景、角色和事件的推测和总结。

- 比较作者的多种不同观点。

- 写一整页或更长的文章。

- 在回答问题的时候重述问题。

数学目标：四年级结束之前，孩子应该掌握如下技能（包括但不限于）：

- 使用四种基本数学运算（+、−、×、÷）方式进行计算。

- 熟悉因子和倍数的概念。

- 识别图形并进行分析。

- 熟练掌握基本的乘除法运算。

- 理解小数的概念及其与分数的关系。

- 解决度量和换算问题。

- 理解角的概念，能够量出角度大小。

- 能够画出并识别直线和角，能够通过线条和角度的不同，区分2D和3D图形。

- 收集数据，通过图表的方式展示数据。

- 依据数据进行总结。

五年级

智慧足迹

- 每晚安排时间完成家庭作业，进行阅读。

- 与孩子探讨他在学校的表现。

阅读目标：五年级结束之前，孩子应该能够完成下述事情（包括但不限于）：

- 有目的地阅读和理解本年级水平或高于本年级水平的课文。

- 利用上下文确认或纠正文章的理解，必要的时候可重复阅读。

- 引用原文，通过文章进行推测。

- 找出故事的因果联系，利用多种方式解释作者的目的。

- 比较同一个故事或戏剧中的两个或多个角色、背景设定或事件，从文章中选出特定的细节佐证（角色之间如何互动）。

- 进行文章概述，要包含必要的细节。

- 区分平铺直叙和形象化语言（明喻和暗喻）。

- 写出多页的文章。

数学目标：五年级结束之前，孩子应该掌握如下技能（包括但不限于）：

- 分析图形并说明图形之间的关系。

- 乘法结合律和分配率的应用，通过曲线图、表格或数字语言做结论。

- 会做三位数的乘除法。

- 利用等值分数做分数的加减。

- 拓宽之前对乘除法的理解和应用，进行分数的乘除。

- 千分位小数和分数的比较，给出同一个数字的小数、分数和百分比形式。

- 在同一计量体系下进行单位换算。

- 几何测量：理解体积的概念，并思考体积与乘法和加法的关联。

- 在网格上画曲线图，解决现实问题和数学问题。

这些目标看起来可能有些太过沉闷具体，但都可以为学生未来掌握更高级的知识打下基础。之所以如此详细地描述，是因为需要让学生和家长知道如何才能赢得成功。正如体育运动一样，熟能生巧，学生、家长和学校就这些关键的技能展开的练习越精深，孩子掌握得就越好。

初高中时，学生更多地开始自己承担学习的责任，学生对课程和课外活动会有所选择，但这个时期家长的支持仍然很重要。

准备上大学的优秀学生在初中时还要学习科学、地理、历史、政府关系、外语、体育/保健、美术、音乐和科技等课程，此外，在这段时期还要参加各种课外活动，比如田径运动、俱乐部活动和课后兴趣辅导等，这成为培养全面发展的学生的重要一环。不要把孩子的课外活动时间安排得太紧张，但要让他们真正参与到自己感兴趣的活动中。与初中一样，学生在高中也应该有全面的经历，积极参与课外活动，主动担任学生社团领导职位，参加课外辅导，做志愿者，学生可以通过这些活动看到周围世界的大图景。大学喜欢分数高的学生，但同时也希望学生能够广泛参加各种学校活动，担任社团领导角色。

这样的课程学习听起来很丰富，也很严苛。确实是，但这样丰富、严苛的课程安排并非为了让处于中等水平的绝大多数学生无能为力，正是因为处于中等水平的学生需要特别努力才能达到更高的水准，才会有课外辅导课程、机器人动手班和辩论队等课外活动。为所有学生提供额外支持可以拉起一张安全网，使学生能够按照力所能及的步调，做力所能及的事情，学校应该像家长一样在此事上尽心竭力。

学校在挤出时间为孩子提供额外支持的事情上应该增加一些创意。可以举办一次辅导课程午餐会，学生可以边吃午饭边讨论某个项目或某道考试试题。或许数学老师可以在上课前提早来校，共同解决问题、分析数据、编写试题。之所以这样做是因为课堂时间有限，学校、学生和家长应该有足够的灵活性和创造性，挤出时间来完成一些重要的额外工作，帮助孩子达到更高的水平。

学校必须为之努力，家长也必须为之努力。学校和家长要灵活，要有担当，要有明确的目标，这样学校和家长才能帮助学生达到更高的水平。

孩子从婴儿到高中这段时间应该由家长负责照顾其成长和学习——不仅学习社会性和情感相关的爱、抚育、支持、欢笑、挑战、成功和失败，还要拉紧学业的弦，学习读写、词汇、数学和科学的基本知识，为孩子备好一生受用的工具，以从容应对广阔的世界。

孩子离家展翅高飞之前与父母共处的时间太短暂，难道在这么短的时间里，家长不应该全身心帮助孩子掌握在未来生活中取得成功所必须的关键技能吗？家长为孩子提供读写知识、爱、抚育、支持和鼓励，同时也为孩子提供了未来人生最好的一个开始，孩子以父母为榜样学习。父母必须充分利用这段有限的时间，成为好老师，好榜样以及不畏艰难、坚忍不拔的典范。

在培养孩子的时候，父母头脑中要时刻想着给孩子传授读写、沟通能力，要有紧迫感，在这个过程中享受快乐也是难得的美事，做好父母是为人父母最重要的工作。如果将为人父母当作一项工作，就要在某些方面对父母进行评估。多数家长都不能忍受工作中的差评，那么如果在为人父母这项工作上得到差评岂不是更令人沮丧吗？为什么在培养成功孩子这件事情上，有些家长就能得过且过呢?

家长不应如此,所以家长需要学校和其他家长的帮助。从婴儿时期到高中这段时间教授孩子基本的学业技能,这项工作是可以完成的。按照本章介绍的方法提纲去做,可以帮助学校和家长了解需要教授和学习哪些知识。

学业表现是评判学校的终极标准,学校的其他方面都要跟上学业的要求。要有智慧才能成功,要有智慧才能通往未来的事业。如果学生能够学会智慧行事,以学业为重,那么学校和家长就算成功了。但是,即便学校已经形成了风气,校内基本都是成功的学生,并取得了很高的成就,我们的工作也没有全部完成,成长和学习是一个需要不断发展的过程。

然而不管如何发展,本章提供的指导原则基本都不会变化。孩子降生之初学习识字能力的重要性,阅读、写作和沟通能力的重要性,数学的重要性,探索多种兴趣的重要性,选择严苛课程的重要性,密切关注家长为培养孩子尽心竭力的重要性——这些永远都不会变。虽然本书不能算是一本育儿书,但的确是帮助家长培养成功孩子的一本书。

一切都关乎学业表现,教会孩子读写能力和在学业上坚持不懈,这是家长能给孩子最好的礼物。同时,这也是学校能给学生最好的礼物。

策略概要

　　本章介绍的一些规则是家长和学校在培养孩子进步并为将来学业和职业生涯做好准备的过程中应该遵从的。这里设定的期望很高，但是对学生本来不就应该充满高期待吗？家长不了解规则的时候，就不能遵从规则来行动。学校不了解规则的时候，也不能遵从规则来行动。教育孩子和学生的时候，请按照本章介绍的指导原则进行，如果能够谨遵这些指导原则，所有孩子的成长环境就都能得到平衡。

策略 8

创建兼容并包的环境

　　学校要建立学业能力的可信度，使学生取得高成就，不仅要按照学校的指导原则展开工作，还要对所有学生都兼容并包。认为只有少数学生能够取得很高的成就，这种观念必须摒弃。必须让所有学生都有机会接受严苛的教学，从某种意义上讲，所有学生都是学校的一部分，不管他们生活在这个国家的什么地方。

　　当今学生的流动性比以往任何时候都要大，在大都市，学校里经常会有从邻近学区转学来的学生。学校通常能够根据几个因素来判断一年中某段时期可能有一批学生转学过来，或许是家长想要为孩子找一所更好的学校而搬家，或许是地区边界线做了调整。不管是什么原因，贫困地区的人口流动性极大的事实并非什么秘密。

　　因为居高不下的人口流动性，学校必须准备好接收所有的转学生。想一想麦种授粉的故事，麦子长着，产出了花粉，飘到空中，花粉落到何处完全要看风吹向何方。假设一位农民在自己的田里只想要最好的麦子和最好的花粉，但他无法控制从四面八方吹来的花粉。于是，农民为了自己的利益，一般都会尽最大的努力去帮助附近的农民，以确保周围田地里的种子和花粉也都是最好的。如果这位农民能够帮助周围所有的农民产出高质量的种子，从空中飘来的花粉就更可能是高品质的。

所有的学生就和所有的种子一样，会影响到所有的学校。学生会在不同的学校之间流动，家长也会在不同的学校之间流动，但有一点是不变的，那就是学校，所有的学生在某种意义上是所有学校的一部分。

思考一下全球关于阅读和数学的统计数据。在34个发达国家15岁人群的阅读能力评估中，美国处于中游水平。大约有6个国家的评分超过美国，16个国家评分低于美国，另有14个国家的评分与美国的评分相近。

数学方面，在参加国际数学和科技趋势研究的47个国家和地区中，美国八年级学生的平均数学分数高于另外37个国家和地区的平均分数，低于5个国家和地区，与另外5个国家和地区分数相当。数学表现优于美国的教育体系都分布在亚洲——中国、中国台北、中国香港、日本、韩国和新加坡。

美国有如此强大的创新能力和无限的机会，阅读和数学的评分没有理由不再高一些。

在学生的阅读和数学能力水平与全球竞争对手的对比中，要使美国的学生能够进入顶尖阵营，家长和教育工作者在这场竞争中必须变得更强硬、更智慧。美国人口的城镇化比例越来越高，城市的扩张速度比乡村地区要快很多，意识到这一点，学校就应该紧跟城市的发展速度，以便在全国的舞台上拥有足够的竞争实力。

全球数据的统计结果以及美国表现的滞后像一种催化剂，激发了部分人进行改变的动力。获取这些信息，并将其与当地学校的情况加以对比，会给学校带来更大的影响。

事不关己高高挂起的旧观念必须摒弃，愤怒地希望推翻失败的教育体制的时机还没有到来。为什么？因为只有全美的学校都意识到这一点，所有学校作为一个整体共荣辱、同进步，学校才会真正开始变革，所有的学校都应该关注其他学校的成功动态。

学校学业表现的提高，能够反映学生的真实才能和本领，此后，学校必须为所有的学生、家长和教职员工创造出兼容并包的环境。

在这种环境下，所有人都感觉自己是受欢迎的，是有价值的。难缠的孩子、难缠的家长、难缠的教职员工——要让所有这些人都感觉到学校关心他们，希望他们成为学校整体的一部分，学校必须教会学生和家长（甚至包括学校的教职员工）如何成为一个开放、合作紧密、兼容并包的社区的一部分。

要求家长和学生有所贡献——不需要事无巨细都参与，只需要参与其中一部分。教师办公室的大门要随时敞开，校长办公室的大门也要随时敞开，欢迎他人来访，把学校建成社区活动和学习的中心。

兼容并包的环境还包括与社区中的其他组织协作，学校要易于打交道，要选择声誉好的企业、服务单位、慈善团体和个人开展合作。

学校和家长都需要有外部实体提供社会性服务上的支持，社会服务组织比如超市、收容所、教堂、志愿者组织、反暴力组织和社区中心都应该成为学校的合作伙伴，这种合作关系应该建立在信任、共同的理想与目标以及好声誉的基础上。学校和家长需要帮助，但帮助必须来自那些已经证明了可以帮助孩子的组织。

学校和家长得到外来服务团体的支持之后，挨饿的孩子、遭受暴力侵害的孩子和穷困的孩子就有机会从多方获得资源，学校和家长必须为孩子创造最好的机会。

家长无法独自完成这项工作或获取资源的时候，学校就应该提供帮助。学校社工是一个了不起的群体，他们为学生学习提供了基本的保障，衣服、食物、住所、玩具、搭车回家、副食品——这些都是保障孩子安心学习的物质基础。

说到副食品，学校应该参加周末和夏季背包零食项目。在这些项目中，当地的教堂、超市或慈善组织会装满一背包的食物，送给那些家里没有食物的孩子。在贫困学校里，饥饿是一个很切实的问题。我们要让孩子吃饱，让他们知道每个周末都有稳定的食物可以带回家，同时也让他们知道学校为孩子提供的照顾并不会在周五放学后就结束。

必须建立成熟的体系保障这些基本的需求，如果确保家长无法提供这些基本保障的时候，学校要能够使孩子和家长有这方面的保障。

接受社区和社区内声誉良好的社会服务团体的帮助，学校就能够为学生和家长提供学业之外的帮助和支持。此举可创造出一个安全、友好的港湾，学校就应该是这样一个地方。

学校应该是一个兼容并包的地方，把所有的孩子都看成自己的学生。重点关注课堂上的每一名学生，同时关注校外的其他孩子，学校就能创造出一种兼容并包的氛围。这既是关乎每一个个体学生的事情，同时也是关乎所有学生的事情，还关乎着学校对学生未来的期望。

学校如果希望促使一批学生向同一个方向迈进，则需要从每一个学生个体开始，因为每一个学生对学校都有着非同小可的贡献。

当每一个学生都对学校有着非同小可的贡献时，每一个学生的家长也都是其中重要的一环。当学生和他们的家长感觉自己受到学校的欢迎，并积极参与到学校的发展中，他们就感觉学校与自己有关联，信任的关系也就由此建立起来。一旦这种关系变得牢固起来，学校就可以更自由地推动学业发展，提高对学生的期待。兼容并包，欢迎所有的学生，学校对家长也应该同等对待。要让学生和家长感觉到自己属于学校整体的一员，并相信自己能在学校有所成就。

策略概要

　　所有的学生和他们的父母与所有的学校都有关，每个孩子与这个国家里的其他所有孩子共同分享一个名号：学生。教育学生需要所有人共担责任，学校能够理解到这一点，就可以探索更好的方法来实现共担责任。家长也需要有这种兼容并包的意识，家长可以帮助其他家长变得更好。真正的好爸爸和好妈妈都希望所有的孩子都对学校有归属感和关联感，因为真正的好爸爸和好妈妈明白其他孩子会影响到自己的孩子。让我们携手帮助每个人都变得更好，让我们将所有人都与学校的成长联系起来。

策略 9

找到家长、学生、教师之间的平衡点

当所有人都感觉自己与学校的发展有关，各所学校中就会蔓延着一种舒适感。有舒适感是好的，但如果不加节制，舒适感也可能带来很严重的后果，因为舒适感或满足感会令人自满。

学校必须保持整个体系的紧张度，尤其要使教职员工、学生和家长保持一定的紧张度，反之各方也应督促学校保持紧张。想一想橡皮筋，你想要弹橡皮筋，如果拉得不够紧，橡皮筋就会软塌塌的。如果拉得太紧，橡皮筋就会断掉。在弹橡皮筋的时候需要掌握恰当的紧度，恰当的紧度是介于拉得太松和拉得太紧之间的某种平衡状态。学校也应该找到恰当的平衡点，对教职员工和学生既不能催得太紧令他们崩溃，也不能放任自流，要确保他们能够持续勤奋、智慧地学习和工作。

学校要持续发展，就需要节制舒适度和自满情绪。保持体系的紧张度，要懂得自己的本职工作是什么，要时刻想着迈向下一步更高的成就，使教职员工、学生和家长保持节制是一件很微妙的工作，却不得不做。

在思考如何保持体系的紧张度，使学区不断变得更好的时候，学校应该考虑让每一个相关的人都参与到对话中。首先要给内部教职员工灌输要不断变好的想法，然后再考虑外界（家长和社区）的看法。

关于下一步发展的讨论首先应该在各所学校内部展开——学区领导者、教育委员会、老师，讨论一下学区发展的愿景。未来的发展愿景也应该围绕着学业和提高所有学生成就展开，即实现学区持续的优秀表现。

要实现上述目标，学校需要时刻思考如何使家长更多地参与到学生的学习中。学校如何请家长参与到这个过程中呢？最关键的一步就是：关于重要的学习里程碑以及孩子想要成功需要掌握的技能等信息，学校应该以一种高效而有意义的方式和家长沟通，确保所有家长（包括学校）达成共识。

学校应该制作一些宣传材料，并在学校各处发放。要确保沟通有效而持久，首先要确保宣传内容在教职员工内部能引起共鸣，然后再将宣传材料推广给家长和社区。

学校在思考如何让孩子为未来的学习和职业生涯做好准备的行动方案以及思考如何将信息传递给家长时，应该考虑到各个年龄段的孩子——从出生到十二年级的所有孩子，尤其要重点关注婴儿。

每一个学区都应该建立起一个早教事务团队，团队中可以有早教教育主管、早教中心主管和小学校长。团队的首要任务在于弄清如何使家长意识到读写能力的重要性，同时提供指导，帮助学区内的孩子为学前班生活做好准备。利用本书中提到的要点做宣传内容，然后再思考如何将这些信息传递给家长。

思考一下，家中有婴儿和蹒跚学步孩子的年轻父母，他们一天中都会使用哪些工具？你想要他们听到或看到的信息最好通过什么方式传递？是挂在婴儿床上方墙上的海报，还是贴在冰箱上的小贴士？妈妈一天要开二十多次冰箱门，几乎每个有婴儿和蹒跚学步孩子的家庭都会采用这种方式。

学校传达给家长的这些信息强调了家长每天与孩子共同阅读的重要性，与孩子交谈的重要性，以及与孩子玩耍的重要性——词汇方面的培养和积极的交流。这个思考过程能够使学校再次认识到该如何帮助家长理解培养孩子需要做的事情，这也就意味着要将关注重点从单纯的教育孩子和营造良好的学校环境，扩展到对所有家庭和所有孩子的关注，不仅在学校里，还有在家中。

想象一下，家中有幼童的妈妈和爸爸的一天，缺乏睡眠，混乱纷杂的教养工作已经使年轻的父母精疲力竭。作为教育工作者，要花时间思考这些家庭的状况。学校怎样才能帮助这些家长给孩子传授读写技能和沟通技能？在为他们制订沟通方案的时候，一定要有这样的思考过程。

早教团队的问题解决好之后，就要进入到下一个层次。与小学团队沟通，然后是中学团队，最后是高中团队。与各个层级的团队协作时，要和支持团队、辅导老师以及校长细细商量，制定从出生到十二年级的行动步骤。

学校制定出宣传材料的核心组成和主旨之后，递交教育委员会审定，与教育委员会进行沟通，说明项目的前景，请教育委员会投入资金。项目和行动计划看起来要很专业——应该成为让学生和各个家庭骄傲的典范。项目应该是学校工作的延伸，培养学生上升到更高的层次。

当教育委员会对项目有足够的信心之后，下一步就应该考虑项目的设计。传播计划方案的设计和媒介能否由学区内部提供？一定要利用学校已有的资源，做力所能及的事情。

又或许这个项目需要专业设计公司或外部资源的协助才能完成，专业的设计公司有专业能力提供更好的建议。局外人总能为治理学区提出各种各样的意见，不管是好是坏，都能说明不在学校工作的专业设计公司和专业人士与当局人眼中的学区有所不同。

　　一个要进入到每家每户的项目，其工作人员需要筹划出能够贴近学区内家庭生活的故事。不管由谁负责这个项目，都要记住，宣传材料不仅仅是一些词和句子拼凑成的一张张纸，他们需要记住这些宣传材料应该是一个故事，关乎所有的孩子，关乎孩子每日充实丰富的生活。他们还要记住这个项目代表着一个品牌，会影响到这个品牌在家长和孩子心目中的形象。

　　考察一下当地的设计公司。选择的设计公司应该对本社区有所了解，而且愿意参与到与孩子相关的项目中。同时，选择的设计公司应该在全国各地有过各种不同的项目经验，这样的设计公司会有更丰富的专业能力，他们作为局外人的洞见也许会帮助项目引起全国孩子和家庭的共鸣，而不仅仅局限于当地社区。你的项目应该经得起全国孩子的考验，这个项目应该适用于所有孩子，不管是生活在堪萨斯城还是生活在纽约城。

　　可以和那些与设计公司打过交道的朋友及同事聊一聊，根据口碑很容易找到合适的设计公司。说到这里又回到优秀的学校员工这个话题上了，确保学校里聘用的雇员都是最优秀的，这样与他们合作过的社区之外的人也肯定是优秀的专业人士。

　　如果学校决定请学区外的公司协助完成项目，就要与设计团队沟通清楚学校的特别之处，说明这个项目对教育所有学生的意义。这个项目应该具备普世的实用性，但同时要符合学区的特定状况。

对于有些设计公司而言，与学校合作还是未开垦的领域。他们的客户可能有知名的大公司，比如设计公司、服装商店和高档餐馆，但他们从未和学校合作过。不过这样的设计公司恰是学校需要的外来帮助——教育界之外的观点。

从私人公司的角度来看，学校或许就是苹果、校车和黑板上的粉笔字组成的一个杂乱的混合体，但这些已经不是今天学校的模样了。要使设计的内容贴合实际，设计所传递的信息要与孩子和家长眼中的现代科技、动画、电视及网络相关，学校也需要那些大品牌公司的宣传方式。

当然，学区的预算通常都很有限，因此首先要做到费用合理，不超限额，一家好的、有声誉的设计公司会因为项目的非营利性这个简单的原因便与学区合作。

与设计团队共同讨论几个构思。要记住，每一个构思中都要有一个主题作为核心，这一点非常重要。与设计公司最初几次会谈时要给他们讲一讲这里是怎样一所学校，聊一聊学生和老师，聊一聊家长，聊一聊学校周围的社区，然后再讲一讲地区人口构成的信息，明确你们学校的目标。多数学校的关注点应该围绕发展的主题，重点关注阅读和数学，为学生提供通往未来学习和职业生涯的成功通道。

设计团队——不管是外聘公司还是内部团队，展示项目构思的时候，应该请一些学生来观摩。邀请来观摩的学生应该来自各个不同的年级，学生的意见对于设计团队而言应该是最有分量的，因为学生通常会简洁地说出自己的真实想法。

听一听学生对这些构思的意见，从学生对这些构思的反应中体会他们的兴奋或失望。展示完成之后，问一问每位学生对这些构思的看法，问他们喜不喜欢这些构思，问他们这些构思里有哪些方面与他们的生活有关。

或许不会有一个构思能赢得所有人一致的好感，但总会有一个会赢得大多数学生的喜爱。根据学生的意见选择构思，但同时选定的构思也要得到学校团队的认可。另外遴选几位家长和行政管理者，对构思做进一步审核。可以请几位家长和老师参加一次小型座谈会，也可以请几位家长和老师共进午餐，把项目展示给他们看，请他们给出一些非正式的意见，此举的意义在于感受某个构思在特定的小团体中的认可度。

一旦选定了某个构思，就要全身心去做好，然后进一步思考这个构思可能衍生出的枝节问题。不管是学区将材料传递给家长、老师、学生和社区所使用的媒介，还是挂在学校围墙上的宣传旗子，所有可以促使这个构思在你们学校和社区内实现的方法都需要仔细思考。

学校使学生为未来的学习和职业生涯做好准备的宣传内容和信息通过一个项目传递出去，这个项目可以看作学校的延伸，将帮助学生和家长充分认识从出生到十二年级这段时间里，要为大学做好准备需要完成哪些工作，这种级别的项目应该可以有效地放大学校在日常运转过程中所完成的工作。为项目取一个简单而直白的名字，项目的魅力从项目的名称开始。比如说，如果项目的名称为"人造智慧"，多数学生和家长都能理解项目的目标。孩子是因自己及其家长的所作所为而创造的"人造智慧"，学校的作用就是为他们提供帮助。

决定了项目的名称和主题之后，就应该立刻开始思考使用何种材料来传播这个项目。或许可以制作一本名为"智慧足迹"的小册子，重点标注阅读目标和数学目标。小册子要突出阅读和数学方面的首要主题，帮助学生和家长理解一所表现优秀的学校有哪些要求，并明白读写和数学必须成为一个关键的起点。

这份教育小册子将成为一份简洁的指导纲领，就好像一本口袋参考书，可以随时翻看，从中可以分年龄、分年级，找到学生需要做些什么才能变得优秀。

在出生至学前班的小册子里，关注点应该放在床头故事、编儿歌和表演等事情上。要记住孩子的乐趣、本性和天真烂漫，把这些都放进出生至学前班的小册子里。记得将睡前的拥抱、挑选最爱的书、用手工制作的玩具假扮人物、在硬纸箱做成的舞台上表演等内容编进指导手册中，最关键的是，项目的早教指导中要能够反映出童年应有的模样。

为了与内容相配合，手册中的图片和图表也要充满童趣，表现出对孩子的高期望。制作出来的图片和图表既要有灵气又要实用，图表需要形象地阐明手册内容。还是那句话，图表要与学生、家长每天在手机和电脑屏幕上看到的媒体攻势相关联，要与时俱进，但不能虚伪做作。虚假的东西，孩子和家长一眼就能看穿。

指导手册的小学部分，应延续此前的主题和构思，但图表和插图要有所变化，要让家长和学生查阅指导手册的时候能够感觉到级别的变化。

如果你们学校选择使用教育手册作为宣传方式，那么可以将其按年级分页。指导手册中每个年级要单设一页，说明阅读和数学目标，同时要注明优秀学生应该了解的重要事项。

要记住，对一所学校来说很重要的事情对另外一所学校可能会略有不同，能够体现学校精神和特点的内容要贯穿始终。比如，如果你们学校的戏剧表演很出名，就多用几页探讨戏剧相关的事情。如果阅读非虚构类小说在你们学校是一件很重要的事情，那么就重点做阅读指导分析。

要在指导手册的每个年级页面上注明需要达到的阅读水平和

所读书籍的层次。对于阅读水平和所读书籍层次的要求应该依照每所学校的评估体系和练习测验安排来定，不管学区采用的是哪种评估体系，选取其中的要求，列入到指导手册的目标要求中。然后在指导手册最后加入一张词汇表，以便家长和老师理解每条术语的含义。家长或老师会谈的时候，这些事情也可以成为很自然的话题。让学校里的老师拿出指导手册，给学生和家长展示一下学生的评估数据处于哪个范围，这样家长就能近距离地监测评估体系，真切地体会评估体系的真正意义——这是一种能够有效帮助家长和老师沟通评估体系的方法。

中学教育手册——不管你们的项目选取了何种形式，都应该包括初中和高中培养优秀学生的指导纲领。这一本指导手册或许和之前的两本看起来有些不同，因为此时的学生已经开始了个性化的成长道路。但是，如果能强调一些硬性的要求，肯定更容易培养出能为大学和未来的事业做好准备的学生。行动计划指导手册的初高中部分应该开始分析大学选择和大学入学前准备等问题，初高中的每一步都在为大学打基础，每一步都非常重要，但是在中学指导手册中应该探讨申请大学的一些特别目标。

指导手册首先要讲一讲学校可利用的资源，还要讲一讲中学时期就应该开始的高级阅读。不管学校选择了哪种媒介去执行项目，完成之后都要做补充，与最初的项目内容相匹配，包括制作一些学生和教职员工在实际生活中会使用的东西或统一的服装。不管最后做出来的产品是什么，一定要保证学生和教职员工人手一份。

学校显然希望每一位学生都感觉到自己与行动计划紧密相关，而多数学生都喜欢通过着装来表达他们的感受，展现自我。可以考虑给每一名学生分发一件项目T恤衫，学校的教职员工也都可以得到一件，再考虑在某些特殊的日子，让学生和教职员工都穿上这件T恤衫。

有一件T恤衫可以穿着出席各种学生表演或集会的社区活动，这种感觉是不是棒极了？这样一件T恤衫可以使所有的学生自然而然地团结到一起。周末看到学生穿着这件T恤衫在社区中心或购物中心出现是不是会令人备感欣喜？你怎样才知道自己选择的设计符合学生的胃口？那就是当他们穿着T恤衫出现在公共场所时！

准备一些有特别设计的贴纸，当学生严格按照指导提纲来做的时候，老师就可以拍拍他们的肩膀或是在他们的T恤衫上贴一张贴纸，以此提醒学生在为未来的学习和职业生涯做准备的工作中取得的进步，这样难道不是很好吗？订做上万张贴纸，分发到校长和老师的手中。

徽章也是学生喜欢收集来挂到背包上的东西，设计几种图案，制作成徽章，在学校活动时把徽章分发给学生。为学生和家长提供的关联材料越多，就越能强化为学生走向成功做好准备的信念，他们就有更多的机会理解这个信念，并向着既定的目标努力。

不要忘了老师和职员。老师都喜欢礼物——特别是实用的，与他们每天在教室里做的事情相关的。你们学校的老师是否使用咖啡杯、电子白板或iPad套？思考老师都使用什么，依此设计物件；把为学生走向成功做好准备的理念融入到设计中。

在思考采用哪些补充材料来提高为学生走向成功做好准备这一信息的时候，考虑一下在简明的图表或指导手册中的每一页上都反复出现这个总体理念，这将会很有成效。孩子走向成功必备的特点则可以出现在教育手册的背面或装饰在T恤衫上，这些特点应该是学校和家长有意培养给孩子的，比如坚持不懈、勤奋、家长的支持、坚忍不拔、学习时间、爱、协作等。

学校在引述学生走向成功所必备的特点时，应该列举出学生生活中一些不可量化的方面。比如说，早教的宣传页应该重点突出床头故事、玩耍时间、唱歌、纸和蜡笔、真切的抚育等。

小学部分的宣传页可以突出勤奋、参与、热情、协作和问问题。

中学部分重点可以落在学习时光、勤奋、参与、抱负和父母支持上，这些都是全面教育的精华所在，再结合成熟的学业标准，就可以培养出表现优秀的学生。

在你们学校，此类特质都包括哪些？可以请行政管理团队做头脑风暴，分析学生和家长最优秀的品质，然后将这些品质编写到为学生成功做好准备的材料里。此举可以表明学校的关注点不只是严苛的学业要求和很高的期待，还体现了学校温柔的一面——能够理解那些并非直接传授的情感之事。学校要时刻不忘思考大图景，不光要关注学业，还要培养出健康、有爱心、发育良好、勤奋努力的学生。

利用所有这些额外的材料来协调学校活动日，突出活动主题，并让所有的学生和老师都穿上T恤衫。邀请当地媒体报道当天的事件，重点突出为学生成功做好准备的主题，同时展示你们所设计的物品。

将内容丰富的指导手册分发给家长，向他们介绍其中的内容，之后花一些时间来回想一下整个过程。向本地社区讲述一下这个项目相关的事情，将为学生成功做好准备的信息传递给商界、教堂、当地商会等。

要知道，这些徽章、T恤衫、书签、贴纸、咖啡杯和其他用于传递信息的材料的用途不仅在于宣传学校的形象，还在于提醒学生和家长注意，每一天都要为走向成功而努力。还要记住，这些不仅仅是小饰品和小赠品，同时还代表着学生每天都浸染在其所传达的精神和信息中。制作这些警醒之物的本意和目标在于帮助学生理解为走向成功做好准备是一次旅程和历险，需要培养和坚持，这项准备工作不可能在一夜间完成。

社区是给予学生和家长支持的第二道防线，应该将这些警醒之物散发到社区里。当地公司是否注意到学生、家长和学校所做的事情？当地的医生和牙医有没有注意到家长们的努力？当地的工程公司、建筑公司、设计公司、会计师事务所和律师事务所是否知道学生有自己的行动计划以便为走向成功做好准备，是否知道学生已经为未来的工作做好了准备？

这类行动可以促使学生、家长以及社区将教育看成一系列的举措，这对于为学生走向成功做好准备而言是至关重要的。学校、家长和学生不能懈怠，这种紧张度以及对伟大的不懈诉求不能靠运气得来，必须有意而为。学校着力制造出来的动力和严苛要求将传递给学生和家长，找到严苛要求和紧张度的平衡点，恰当布局，一步一步来，为家长和学生做好考虑。

学校应该时刻思考如何做到更好，竭尽全力地掌握一个级别，再向下一个更高的级别进发。要不断变得更好，保持压力，但是不要忘记带着家长和学生一同前进。

策略概要

　　有些事情是学校力所能及的，有些事情则需要家长提供帮助，以便学校有更好的表现。学校，特别是贫困和表现不好的地区的学校，想要成功必须有家长的帮助，家长不能再找"我不知道该怎么做"或"这种事情我可不做"之类的借口。学校得到家长的帮助之后就可以整合所有成年人的力量培养学生，使学生达到最佳的水平。学校要向家长展示他们应该做的工作，确保他们承担家长需要承担的责任。

策略 10

给孩子一个美好的未来

有时教育工作者会忘记生活中的一些小事，有时教育工作者会过分关注下一个重大的课程计划，却忘记了带上学生和家长共同参与到这个过程中。学校每天工作的核心应该是我们未来最宝贵的资产——孩子。

问题在于：我们想要孩子在未来获得成功吗？当然，生活总是节奏很快，特别是作为家长，看着孩子那么快就成长起来了。相比以往任何时候，现在的时间过得更快，变化也更迅速。科技、劳动力、新的思维方法——这些重大的方面都比以往变化更快。社交媒体的即时性，24小时循环播放的新闻，全球所有人同时无障碍地交流。说到这里，虽然有各种即时的联络和沟通，但我们还是不知道未来将会是怎样的模样。未来真的会更好、更丰富多彩吗？当然！

但在生活的洪流和纷杂的交往中还是有一个问题：我们的孩

子在未来会是怎样的？我们可以做些什么，以确保孩子能继续得到抚育、关爱，并在喧嚣的环境中保持智慧？

希望孩子的天性永远都不要改变，童年就意味着玩耍、阅读、奔跑、探索、倾听、交谈、欢笑、犯傻和得到抚育。童年是孩子一生中特殊的时期，在这段时间里他们需要家长以一种特别的方式来帮助他们准备好面对真实的世界。

研究显示，没有得到抚育的孩子，婴儿时期哭泣没有立刻得到回应的孩子，没有得到亲切拥抱的孩子，没有得到眼神交流的孩子，没有与他人建立良好关系的孩子，根本无法建立健康的心理机制以应对外界的变化。如果孩子没有经历切实的关爱、抚育、沟通、响应、关联和安全感，他在以后的人生中就很难具备足够的情感能力去学习，以便取得成功。孩子的童年是家长把握正确方向的唯一机会，家长和孩子都没有回头路可走，他们只能一路向前。

如果学校和家长想要孩子具有为未来做好准备的能力，就必须以不同的角度来审视教育。学校必须开始思考在校外环境下培养孩子需要做的事情，家长必须开始思考孩子还没到上学年龄的时候需要如何帮助学校。嘴上挂着"是学校的责任"或"是家长的责任"之类话语的日子早已经过去了，教育是所有人的责任，家长和学校二者应该通力合作，不分你我。

想一想：最好的老师是不是就像最好的家长？最好的家长是不是也像是最好的老师？二者是紧密相连的。

是时候切实考虑学校和家长协作之事了。学校和家长的确紧密相连，但同时又各自承担着不同的责任。老师或校长有时可能像是孩子的另一位妈妈，但家里还有一位妈妈等着她的女儿放学回家吃饭、睡觉。妈妈白天工作的时候，学校里有老师传授孩子知识，未来这些知识可能帮助孩子在月球上建造太空站。孩子既需要家长又需要老师，他们需要家长和老师共同给予的关爱、支持、鼓励和督促。

很多时候孩子的失败都是受家长能力的影响。有些家长就是无法理解或是根本就不关心孩子的成长，如果这种情况是真的，那么我们现在难道不应该开始做些什么来帮助家长吗？是时候给家长自信，以帮助他们培养成功的孩子了。

还有谁比学校更合适与家长分享这些秘密，以更好地帮助家长呢？学校或许会抱怨家长的不好，但是抱怨帮不了任何人，直面问题，想出办法，告诉家长怎样做才是对的。如果学校不想情况变得更糟，就应该想办法使其变得更好。

遵从指导提纲行事，做对的事情，这需要靠家长和学校的共同努力才能完成。美好的事物很强大，但又很脆弱。家长和学校应该保持活力、激情和深切的意愿，彼此互不辜负，这一信念应该深深植根于彼此内心。创造一个需要所有人做出贡献的美好体系，学校应该有自己的专业领域，家长也应该有自己独特的视角和态度。学校可以出面帮助家长解决一些问题，家长也可以帮助学校解决一些问题，但双方还是要对彼此的观点保持尊重和赞赏的态度。家长和学校要记住从孩子的角度考虑，与孩子保持联系。不管学校要推动更高的目标，还是家长想要实现更多的想法，都要记住保持与孩子的联系。

保持与孩子的联系意味着要记住童年的模样，记住你自己童年那些真正有意义的事情。不是书本，而是享受阅读的时光；不是天气，而是在丛林徒步探险的经历；不是花生酱和果冻三明治，而是与家人一起野餐的记忆；不是那些字词，而是那些故事；不是纸板裁出的玩物，而是门厅里即兴的木偶剧表演；不是蜡笔的色彩，而是纸页上的图画。

童年的这些事情都不是围绕着"学业"展开的，但最终学生的活动和兴趣都是因"学习"而成型的。学校和家长必须关注孩子"学习"的过程——学会责任，了解人性，学习信息，学着变得可靠，学会处理关系，学习读写和数学，学会包容，学会在失败面前百折不挠。

家长和学校要时刻想着当今孩子的真实情况，孩子的未来多半由家长和学校决定，家长和学校对孩子要保持一致的标准。尽管有些学生的家庭背景不好，或许有的家贫，有的享受不到家庭的温暖，有的父母没有高中学历，但并不意味着他们就失去了获得良好教育的权利。家长和学校必须共同努力，快速改变当下学校里盛行的一些旧观念。

学校是爸爸妈妈，是帮助者和支持者，是抚育者和引导者，是老师和领导者。同时，家长也是帮助者和支持者，是抚育者和引导者，是老师和领导者。既然家长和学校同时扮演着这些角色，难道不应该共同努力来培养成功的孩子吗？

这一切全在于家长和学校，一起行动起来吧！

《翻转课堂与慕课教学：一场正在到来的教育变革》

作 者：（美）乔纳森·伯格曼

　　　　亚伦·萨姆斯

ISBN：9787515328232

开 本：16

页 码：168

定 价：26.00元

★ 翻转课堂预见了教育的未来。

★ 在翻转课堂里，每一个孩子都可以按照自己的方式和节奏学习。

★ 来自"世界翻转课堂圣地"的成功模式——轻松效仿；被誉为"翻转课堂先驱"的他们对翻转课堂进行了长达十余年的勇敢尝试——成效显著；数学和科学卓越教学总统奖得主震撼力作——超强影响力

★ 风靡全球的"翻转课堂"，最早起源于本书的两位作者乔纳森·伯尔曼和亚伦·萨姆，他们所任教的美国科罗拉多州落基山的"林地公园"高中被誉为"翻转课堂圣地"

　　被誉为"翻转课堂先驱"的乔纳森·伯尔曼和亚伦·萨姆斯在学校长达10余年的对于翻转课堂的实践，已经引起越来越多的人的关注，以至于经常受到邀请向全世界同行介绍这种教学模式。翻转课堂不仅改变了小镇高中的课堂，世界各地的小学、初中、高中乃至成人教育的许多教师也采用这种模式来教授各个学科，并取得了卓越的成效。

　　本书开始于一个简单的观察：在传统课堂上，学生一直很被动地接受教师的答案。而现在，作者乔纳森·伯格曼和亚伦·萨姆尝试了翻转课堂模式，这种模式以学生为中心，鼓励学生为自己的学习负责，并广泛运用于学生的家庭作业、课堂任务、实验和考试等各个方面。通过10余年的勇敢尝试，乔纳森·伯格曼和亚伦·萨姆渐渐发现，他们的学生对知识的理解比以前更加深刻。他们坚信这种模式可以复制到任何一个课堂，也不需要更多金钱的投入。在这本书中，你将知道"翻转课堂"模式究竟是什么，为什么这种模式会有效，如何实施这一模式。

《全脑教学：影响全球300万教师的教学指导书》

作 者：（美）克里斯·比弗尔
ISBN：9787515323169
开 本：16
页 码：288
定 价：38.00元

★ 全球规模最大、发展最迅速的教育改革运动
★ 彻底告别填鸭式教学，培养学生的最佳学习力、最强专注力、最惊人记忆力
★ 将脑科学转化为最具操作性的教学方法，全方位激发学生的左右脑，整合学生的听觉、视觉、记忆、情感、理智等，创造性地培养出心智俱佳的"全脑学生"

据教师反馈，全脑教学有着惊人的成效：
★ 学生的不良行为（托腮、趴在桌子上、抱怨、发呆、开小差、离开座位）下降了50%
★ 学生的阅读成绩在三个月内提高了12%,数学成绩提高了28%
★ 学生的综合成绩比普通学生高20%~30%
★ 两年时间内，学生记过处分和停课的数量下降了50%

　　全脑教学是一项源于基层的教育改革运动，被誉为全球发展最为迅速的教育改革运动，它受到了美国以及世界各地30个国家的教师们的推崇！
　　全脑教学提倡：将脑科学转化为最具操作性的教学方法，全方位激发学生的左右脑，整合学生的听觉、视觉、记忆、情感、理智等，创造性地培养出心智俱佳的"全脑学生"。

"常青藤"书系—中青文教师用书总目录

书名	书号	定价
特别推荐——从优秀到卓越系列		
★ 从优秀教师到卓越教师：极具影响力的日常教学策略（入选浙江省教师节用书）	9787515312378	33.80
★ 从优秀教学到卓越教学：让学生专注学习的最实用教学指南	9787515324227	32.00
★ 从优秀学校到卓越学校：他们的校长在哪些方面做得更好	9787515325637	33.80
名师新经典/教育名著		
★ 如何成为高效能教师（美国最畅销教师用书，销量超过350万册，最专业、最权威、最系统的教师培训第一书）	9787515301747	68.00
★ 给教师的101条建议（增订图文版）（《中国教育报》"2009年最佳图书"奖）	9787500673842	27.80
★ 改善学生课堂表现的50个方法：小技巧获得大改变（入选《中国教育报》2010年和2011年"影响教师的100本书"）	9787500693536	23.80
优秀教师一定要知道的17件事（美国当前最有影响教育畅销书作者全新力作）	9787500671961	23.00
美国中小学世界历史读本 / 世界地理读本 / 艺术史读本	9787515317397等	106.00
美国语文读本1-6	9787515314624等	252.7
和优秀教师一起读苏霍姆林斯基 / 卢梭 / 福禄培尔 / 蒙台梭利 / 杜威 / 马卡连柯	9787500698401等	150.0
怎么做孩子会爱上学习（入选"21世纪中国教师必读的百种好书"，《中国教育报》"2010年影响教师的100本书"）	9787500685968	22.00
教师成长/专业素养		
高效能教师如何带领学生取得优异成绩	9787515328980	39.00
10天卓越教师自我培训（教育家安奈特·布鲁肖顶尖卓越教师培训教材）	9787515329925	29.00
给幼儿教师的100个创意：幼儿园班级设计与管理	9787515330310	29.00
给幼儿教师的100个创意：为幼升小做准备	9787515329130	29.90
给小学教师的100个创意：发展思维能力	9787515327402	29.00
给中学教师的100个创意：如何激发学生的天赋和特长 / 杰出的教学 / 快速改善学生课堂表现	9787515330723等	87.90
以学生为中心的翻转教学11法	9787515328386	29.0
如何使教师保持职业激情	9787515305868	29.0
★ 如何培训高效能教师：来自全美权威教师培训项目的建议	9787515324685	32.0
良好教学效果的12试金石：每天都需要专注的事情清单	9787515326283	29.90
★ 让每个学生主动参与学习的37个技巧	9787515320526	28.0
10分钟教师培训：卓越教师的40个快速训练法	9787515320519	32.0
高效能教师的时间管理法	9787515321073	35.0
凭什么让学生服你（增订版）	9787500675204	26.0
高效能教师备课完全指南：英国最权威的备课指导用书	9787515312361	23.80
师范学院学不到的：应对学校一切的锦囊妙计	9787500679455	28.0

书名	书号	定价
提高学生学习效率的9种教学方法	9787515310954	27.80
优秀教师是这样炼成的：用心教育	9787500672555	23.80
教师一定要思考的四个问题：今天，我们怎样做教师（增订版）	9787500668565	27.90
下课后来找我：资深教师给同行的建议	9787515307114	28.00
教师应该做到的和能够做到的（白金版）（美国中小学教师指定培训教材）	9787500669401	33.00
给年轻教师的信：真希望我年轻时就懂的道理	9787500696834	23.00
优秀教师的课堂艺术：唤醒快乐积极的教学技能手册	9787500654001	26.00
教师职业的9个角色（白金版）（美国国家教育学会教师教育委员会、哥伦比亚大学教育学院推荐书目）	9787500681014	23.80
如何成为优秀教师：英美教师职业成长"圣经"	9787500672920	26.00
万人迷老师养成宝典（珍藏版）（入选《中国教育报》"2010年影响教师的100本书"）	9787500689300	23.00
高效能教师的9个习惯	9787500699316	23.00
年轻教师的五项修炼	9787500694304	23.00
好老师可以避免的20个课堂错误（白金版）（入选《中国教育报》"2010年影响教师的100本书"）	9787500688785	21.50
幸福教养：让孩子受用一生的7个幸福习惯	9787515301259	28.00
教师、学生和家长焦点难题解决方案（升级版）（入选《中国教育报》"2011年影响教师的100本书"）	9787500672906	35.60
好老师说服难缠家长的16堂课（入选《中国教育报》"2010年影响教师的100本书"）	9787500688778	23.80
爱·上课（李希贵、窦桂梅推荐，教育界真实版《麦田里的守望者》）	9787500693383	23.00
爱·读书（李希贵、窦桂梅推荐，中国版《窗边的小豆豆》，诠释中国教师《爱的教育》）	9787500693918	25.00
课堂教学/课堂管理		
改善学生学习态度的58个建议	9787515324067	25.00
全脑教学：影响全球300万教师的教学指导书	9787515323169	38.00
哈佛大学教育学院思维训练课	9787515325101	36.00
完美结束一堂课的35个好创意	9787515325163	28.00
如何更好地教学：优秀教师一定要知道的事（被英国教育界奉为圣经的教学用书）	9787515324609	36.00
带着目的教与学	9787515323978	28.00
美国中小学生社会技能课程与活动（学前阶段/1-3年级/4-6年级/7-12年级）	9787515322537等	153.80
彻底走出教学误区：开启轻松智能课堂管理的45个方法	9787515322285	28.00
破解问题学生的行为密码：如何教好焦虑、逆反、孤僻、暴躁、早熟的学生	9787515322292	36.00
普通课堂教出尖子生的20个方法：分层教学	9787515321868	29.90
天天向上：中学教学问题解决手册	9787515321202	29.00
38个教学难题解决手册	9787515320502	28.00
让学生爱上学习的165个课堂游戏	9787515319032	39.00

书名	书号	定价
美国学生游戏与素质训练手册：培养孩子合作、自尊、沟通、情商的103种教育游戏	9787515325156	36.00
老师怎么说，学生才会听（白金版）	9787515312057	28.00
快乐教学：如何让学生积极与你互动（入选《中国教育报》2010年和2011年"影响教师的100本书"）	9787500696087	29.00
老师怎么教，学生才会提问	9787515317410	29.00
快速改善课堂纪律的75个方法（白金版）	9787515313665	28.00
教学可以很简单：高效能教师轻松教学7法	9787515314457	25.00
88种美国中小学经典课堂教学活动	9787515314419	32.00
好老师应对课堂挑战的25个方法（珍藏版）（《给教师的101条建议》作者新书）	9787500699378	25.00
快速调动学生参与的99个方法（被誉为美国调动学生参与最有价值之书）	9787515317069	31.90
好老师激励后进生的21个课堂技巧	9787515311838	23.80
★ 开始和结束一堂课的50个好创意	9787515312071	19.80
培养高情商学生的7堂必修课（新版）	9787500686088	28.00
好老师因材施教的12个方法（美国著名教师伊莉莎白"好老师"三部曲）	9787500694847	22.00
如何打造高效能课堂（美国《学习》杂志"教师必选"奖，"激励教师组织"推荐书目）	9787500680666	29.00
高中课堂管理–行为管理的9项策略（第二版）（被誉为美国"课堂管理圣经"）	9787500695714	29.00
合理有据的教师评价：课堂评估衡量学生进步	9787515330815	29.00

班主任工作/德育

★ 北京四中8班的教育奇迹	9787515321608	36.00
★ 师德教育培训手册	9787515326627	29.80
打造优秀班级的15个秘密	9787515319117	28.00
★ 设计和管理最优班级实用手册	9787515317731	49.00
好老师征服后进生的14堂课（珍藏版）（美国著名教师伊莉莎白"好老师"三部曲）	9787500693819	25.00
美国最优秀教师的自白（新版）（进入地方学校、教育机构教育用书征订目录）	9787500683001	26.00
优秀班主任的50条建议：师德教育感动读本（《中国教育报》专题推荐）	9787515305752	23.00
来自美国最优秀教师的建议（入选《中国教育报》"2010年影响教师的100本书"）	9787500694427	25.00
班主任一定要面对的9个问题（新版）	9787500672937	22.00
是什么让教师不断进步（升级版）（入选《中国教育报》"2011年影响教师的100本书"）	9787500672401	23.80
优秀教师一定读的60个故事（传达60种爱的教育方式）	9787500696285	25.00

学校管理/校长领导力

学校管理者如何构建卓越学校	9787515330754	28.00
从优秀学校到卓越学校：他们的校长在哪些方面做得更好	9787515325637	33.80
优秀校长一定要做的18件事（入选《中国教育报》"2009年影响教师的100本书"）	9787500673835	26.00
构建杰出学校的7个杠杆	9787515324319	39.00

书名	书号	定价
美国获奖中小学校长的建议（新版）（美国教育界精英校长的经验分享）	9787500675211	29.90
如何调动和激励教师（增订版）（入选《中国教育报》2009年和2011年"影响教师的100本书"）	9787500673828	29.00
如何应对难缠的老师	9787515306315	25.00
给校长的127条建议（入选《中国教育报》2010年和2011年"影响教师的100本书"）	9787500694779	23.00
教师健康的38个细节	9787500673033	22.00
校长时间管理的9项策略	9787500695851	23.00
20位美国优秀校长如何创建好学校	9787500695707	23.00
如何提升学校的内力（升级版）	9787500672159	21.80
创新型学校：给学校管理者的9个策略（入选《中国教育报》2010年和2011年"影响教师的100本书"）	9787500693628	23.00
学科教学/教科研		
人大附中高考作文取胜之道	9787515320694	33.80
人大附中学生这样学语文：走近经典名著	9787515328959	33.80
语文四界	9787515326115	38.00
让小学一年级孩子爱上阅读的40个方法	9787515307589	30.00
让学生爱上数学的48个游戏	9787515326207	26.00
英美中小学都在玩儿的数学游戏：多少只袜子是一双	9787500688884	25.80
优秀小学语文教师一定要知道的7件事（窦桂梅畅销作品）	9787500674139	23.80
小学语文课例研修的8个实践策略（附赠光盘）	9787515312064	33.00
名师谈阅读教写作：真正思考语文课的终极目标问题	9787500692966	29.00
考拉小巫的英语学习日记：写给为梦想而奋斗的人	9787515303505	25.00
如何成为尖子生（新版）（事半功倍的高效学习方法，3小时成为学习高手）	9787500668596	23.00
情商教育/心理咨询		
中小学心理教师的10项修炼	9787515309347	36.00
别和青春期的孩子较劲（增订版）（入选《中国教育报》"2009年影响教师的100本书"）	9787500676232	28.00
100条让孩子胜出的社交规则	9787515327648	28.00
让孩子幸福一生的30个情绪管理游戏	9787515310947	33.00
加州大学伯克利分校的10堂幸福教养课	9787515303512	23.00
打开生命的16封信：生命教育经典范本	9787500699408	21.50
毕淑敏心理咨询手记	9787500682127	25.00
亲爱的公主：你是值的被珍惜的	9787500699514	28.00
幼儿园/学前教育		
美国幼儿教育活动大百科：3-6岁儿童学习与发展指南用书·科学	9787515324265	150.00

	书名	书号	定价
★	美国幼儿教育活动大百科：3–6岁儿童学习与发展指南用书·艺术	9787515324289	150.00
★	美国幼儿教育活动大百科：3–6岁儿童学习与发展指南用书·健康与语言	9787515324296	150.00
★	美国幼儿教育活动大百科：3–6岁儿童学习与发展指南用书·社会	9787515324272	150.00
	蒙台梭利早期教育法：3–6岁儿童发展指南（理论版）	9787515322544	29.80
	蒙台梭利儿童教育手册：3–6岁儿童发展指南（实践版）	9787515307664	25.00
	自由地学习：华德福的幼儿园教育	9787515328300	29.90
	刚刚好一起讲的小故事	9787515306285	29.90
	你的水桶有多满（儿童版）	9787515306766	29.00
	赞美你：奥巴马给女儿的信	9787515303222	19.90
	每天10分钟，发现孩子的6项潜能	9787500679905	24.80
教育主张/教育视野			
	教师和家长共同培养卓越学生的10个策略	9787515331355	27.00
★	芬兰教育全球第一的秘密（珍藏版）（《中国教育报》等主流媒体专题推荐，台湾教育类畅销书榜第一名）	9787500687436	28.00
	世界最好的教育给父母和教师的45堂必修课（《芬兰教育全球第一的秘密》2）	9787500692423	28.00
	杰出青少年的7个习惯（精英版）（中小学图书馆推荐书目、中国青少年必读书目）	9787500649083	28.00
	杰出青少年的6个决定（领袖版）（中小学图书馆推荐书目、中国青少年必读书目、全国优秀出版物奖）	9787500672241	28.00
★	7个习惯教出优秀学生（全球第一畅销书《高效能人士的七个习惯》教师版）	9787500687948	29.00
	杰出青少年构建内心世界的5个坐标（中国青少年成长公开课）	9787515314952	59.00
	跳出教育的盒子：从优秀到卓越教师的成功策略（美国中小学教学经典畅销书）	9787500689508	35.00
	美国最好的中学是怎样的——让孩子成为学习高手的乐园（白金版）	9787500685838	28.00
	夏烈教授给高中生的19场讲座（入选《中国教育报》"2013年最受教师欢迎的100本书"）	9787515318813	29.90
	学习之道：美国公认学习第一书	9787500679240	28.00
★	翻转课堂与慕课教学：一场正在到来的教育变革	9787515328232	26.00
★	奇迹学校：震撼美国教育界的教学传奇	9787515327044	36.00
	学校是一段旅程:华德福教师1–8年级教学手记	9787515327945	32.00
★	高效能人士的七个习惯（全球头号畅销书）	9787500649038	49.00
	盖洛普优势识别器2.0:《现在，发现你的优势》升级版	9787515308036	68.00
	快乐山巅：从亿万富翁到优秀教师	9787500695189	20.00

您可以通过如下途径购买：

1. 书　　店：各地新华书店、教育书店。

2. 网上书店：当当网（www.dangdang.com）、亚马逊中国网（www.amazon.cn）、天猫（zqwts.tmall.com）、京东网（www.360buy.com）、第一街（www.diyijie.com）。

3. 团　　购：各地教育部门、学校、教师培训机构、图书馆团购，可享受特别优惠。

　　购书热线：010–65511270 / 65516873

➡ 任何优秀教师和成功教师，首先必须是一名高效能教师。

低效能学校 ＋ 低效能教师 ＝（学生成绩）前 50% ⬇ 倒数 3%
高效能学校 ＋ 低效能教师 ＝（学生成绩）前 50% ⬇ 倒数 37%
低效能学校 ＋ 高效能教师 ＝（学生成绩）前 50% ⬆ 前 37%
高效能学校 ＋ 高效能教师 ＝（学生成绩）前 50% ⬆ 前 3%

《如何成为高效能教师》

作 者：（美）黄绍裘　黄露丝玛丽
ISBN：9787515301747
开 本：16
页 码：344
定 价：68.00元

你将读到什么

➡ 美国最专业、最权威、最系统的 **教师培训第一书**。看世界上最专业、最高效、最幸福的教师如何打造快乐、善学、高分的好学生。

➡ 全球最畅销的教师用书引进中国。亚马逊网上书店教育类畅销书榜第 1 名。出版 20 年，覆盖 102 个国家，全球销量超过 350 万册。

➡ 首度公开成功教学的最大秘密，汇集全美 **100 名最优教师 30 年成功教学智慧**，建构了一套完整的高效能教师培训系统和教师素质与能力提升解决方案，让**新教师迅速成熟**，**老教师突破极限**，享受终极职业快乐。

➡ 幼师、中小学教师、教育管理者、师范院校师生、对外汉语教师"**人手一册**"的必备工具书。

➡ **超值赠送** 60 分钟美国最受欢迎的教师网络教学视频，200 页网络版主题教学拓展资源。书中附有大量被实践证明、行之有效的 **教学资源和技术工具**，更为教师的日常教学和管理实践提供丰富的行动指南。